プリント形式のリアル過去問で本番の臨場感！

宮崎県

日向学院中学校

2025年春受験用

解答集

本書は，実物をなるべくそのままに，プリント形式で年度ごとに収録しています。
問題用紙を教科別に分けて使うことができるので，本番さながらの演習ができます。

■ 収録内容

・解答集（この冊子です）

書籍ＩＤ番号，この問題集の使い方，最新年度実物データ，リアル過去問の活用，
解答例と解説，ご使用にあたってのお願い・ご注意，お問い合わせ

・2024（令和６）年度 ～ 2021（令和３）年度　学力検査問題

JN132328

○は収録あり　年度	'24	'23	'22	'21		
■ 問題(A日程)	○	○	○	○		
■ 解答用紙	○	○	○	○		
■ 配点				※		

算数に解説
があります

※2021年度は国語以外配点あり
注)国語問題文非掲載:2023年度の二

問題文の非掲載につきまして

著作権上の都合により，本書に収録している過去入試問題の本文の一部を掲載しておりません。ご不便をおかけし，誠に申し訳ございません。

本文の一部を掲載できなかったことによる国語の演習不足を補うため，論説文および小説文の演習問題のダウンロード付録があります。弊社ウェブサイトから書籍ＩＤ番号を入力してご利用ください。

なお，問題の量，形式，難易度などの傾向が，実際の入試問題と一致しない場合があります。

教英出版

■ 書籍ＩＤ番号

入試に役立つダウンロード付録や学校情報などを随時更新して掲載しています。
教英出版ウェブサイトの「ご購入者様のページ」画面で，書籍ＩＤ番号を入力してご利用ください。

書籍ＩＤ番号 **104445**

（有効期限：2025年9月30日まで）

【入試に役立つダウンロード付録】
「要点のまとめ（国語／算数）」
「課題作文演習」ほか

■ この問題集の使い方

年度ごとにプリント形式で収録しています。針を外して教科ごとに分けて使用します。①片側，②中央のどちらかでとじてありますので，下図を参考に，問題用紙と解答用紙に分けて準備をしましょう（解答用紙がない場合もあります）。

針を外すときは，けがをしないように十分注意してください。また，針を外すと紛失しやすくなりますので気をつけましょう。

① 片側でとじてあるもの

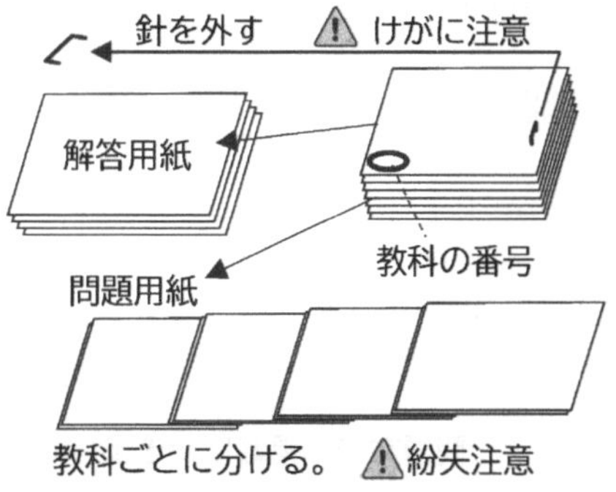

② 中央でとじてあるもの

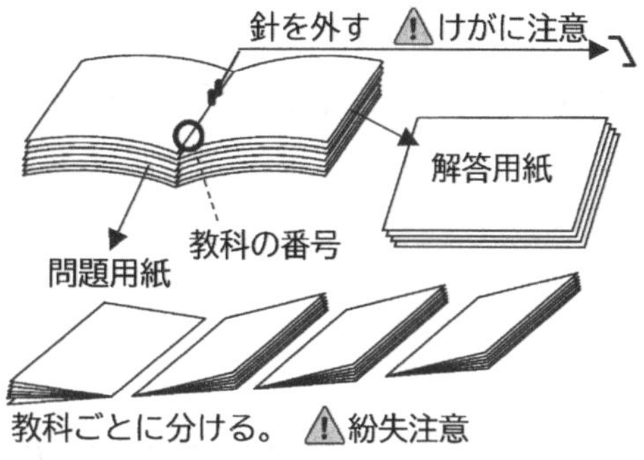

※教科数が上図と異なる場合があります。
解答用紙がない場合や，問題と一体になっている場合があります。
教科の番号は，教科ごとに分けるときの参考にしてください。

■ 最新年度 実物データ

実物をなるべくそのままに編集していますが，収録の都合上，実際の試験問題とは異なる場合があります。実物のサイズ，様式は右表で確認してください。

問題用紙	Ｂ５冊子（二つ折り）
解答用紙	Ｂ４片面プリント

リアル過去問の活用

～リアル過去問なら入試本番で力を発揮することができる～

本番を体験しよう！

問題用紙の形式（縦向き／横向き），問題の配置や余白など，実物に近い紙面構成なので本番の臨場感が味わえます。まずはパラパラとめくって眺めてみてください。「これが志望校の入試問題なんだ！」と思えば入試に向けて気持ちが高まることでしょう。

入試を知ろう！

同じ教科の過去数年分の問題紙面を並べて，見比べてみましょう。

① 問題の量

毎年同じ大問数か，年によって違うのか，また全体の問題量はどのくらいか知っておきましょう。どのくらいのスピードで解けば時間内に終わるのか，大問ひとつにかけられる時間を計算してみましょう。

② 出題分野

よく出題されている分野とそうでない分野を見つけましょう。同じような問題が過去にも出題されていることに気がつくはずです。

③ 出題順序

得意な分野が毎年同じ大問番号で出題されていると分かれば，本番で取りこぼさないように先回りして解答することができるでしょう。

④ 解答方法

記述式か選択式か（マークシートか），見ておきましょう。記述式なら，単位まで書く必要があるかどうか，文字数はどのくらいかなど，細かいところまでチェックしておきましょう。計算過程を書く必要があるかどうかも重要です。

⑤ 問題の難易度

必ず正解したい基本問題，条件や指示の読み間違いといったケアレスミスに気をつけたい問題，後回しにしたほうがいい問題などをチェックしておきましょう。

問題を解こう！

志望校の入試傾向をつかんだら，問題を何度も解いていきましょう。ほかにも問題文の独特な言いまわしや，その学校独自の答え方を発見できることもあるでしょう。オリンピックや環境問題など，話題になった出来事を毎年出題する学校だと分かれば，日頃のニュースの見かたも変わってきます。

こうして志望校の入試傾向を知り対策を立てることこそが，過去問を解く最大の理由なのです。

実力を知ろう！

過去問を解くにあたって，得点はそれほど重要ではありません。大切なのは，志望校の過去問演習を通して，苦手な教科，苦手な分野を知ることです。苦手な教科，分野が分かったら，教科書や参考書に戻って重点的に学習する時間をつくりましょう。今の自分の実力を知れば，入試本番までの勉強の道すじが見えてきます。

試験に慣れよう！

入試では時間配分も重要です。本番で時間が足りなくなってあわてないように，リアル過去問で実戦演習をして，時間配分や出題パターンに慣れておきましょう。教科ごとに気持ちを切り替える練習もしておきましょう。

心を整えよう！

入試は誰でも緊張するものです。入試前日になったら，演習をやり尽くしたリアル過去問の表紙を眺めてみましょう。問題の内容を見る必要はもうありません。どんな形式だったかな？受験番号や氏名はどこに書くのかな？…ほんの少し見ておくだけでも，志望校の入試に向けて心の準備が整うことでしょう。

そして入試本番では，見慣れた問題紙面が緊張した心を落ち着かせてくれるはずです。

※まれに入試形式を変更する学校もありますが，条件はほかの受験生も同じです。心を整えてあせらずに問題に取りかかりましょう。

2024 解答例 令和6年度　日向学院中学校

《国　語》

一　問１．１．判断　２．複数　３．はめ　４．連発　５．しゅうせい　問２．あ．エ　い．イ　う．オ　え．ア　問３．イ　問４．エ　問５．１．場の空気　２．「らしくない」行動をしないよう、衝動にブレーキをかける必要がある　３．ウ　４．エ

二　問１．１．残念　２．公演　３．折　４．無言　５．さかだ　問２．あ．イ　い．エ　う．ア　え．オ　問３．ア　問４．ウ　問５．ア　問６．イ　問７．サーカスに行くことを決意する気持ち。
問８．Ⅰ．この世　Ⅱ．あっちがわ　Ⅲ．死

《理　科》

1　問１．肺　問２．かんせつ　問３．縮む　問４．ウ　問５．b　問６．d

2　問１．エ　問２．ウ　問３．塩化水素　問４．エ　問５．ア　問６．石灰水／白くにごる

3　問１．ア　問２．イ，エ　問３．たい積　問４．ウ　問５．AB間…エ　CD間…ア　問６．③

4　問１．イ　問２．右図　問３．ア　問４．へい列つなぎ　問５．５
問６．20　問７．電池が１個多く，重かったため

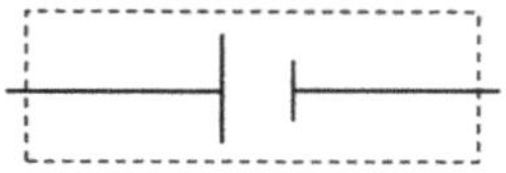

《社　会》

1　問１．インド　問２．(1)島根県…松江　愛媛県…松山　(2)イ　問３．エ　問４．台風などの強い風にそなえるため。　問５．太陽光／風力／水力／地熱／バイオマス　などから１つ　問６．(1)①イ　②エ　③ア　④ウ　(2)エ　問７．自分や他人の個人情報を流さない。／正確な情報を送る。／人がつくったものを勝手に使わない。／文章を何度も確認する。などから１つ

2　問１．国民主権　問２．(1)ユニバーサルデザイン　(2)イ　問３．８月15日　問４．イ

3　問１．ウ　問２．ウ　問３．エ　問４．D．源頼朝　E．平清盛　F．雪舟　問５．ウ　問６．ア　問７．織田信長　問８．エ，カ　問９．オランダ　問10．朝鮮通信使　問11．西郷隆盛　問12．オ　問13．ア→エ→ウ→イ

《算　数》

1　(1)２　(2)$\frac{8}{9}$　(3)60　(4)0.8　(5)１

2　(1)①25　②２　(2)35.6　(3)126　(4)29　(5)③，④

3　(1)①，⑤　(2)120　(3)60　(4)①㋓　②D，H

4　(1)35　(2)３　(3)午後４時10分　(4)378

5　①15　②０　③45　④1024　⑤2046

1 (1) 与式＝20－18＝**2**

(2) 与式＝$\frac{20}{36}+\frac{21}{36}-\frac{9}{36}=\frac{32}{36}=\mathbf{\frac{8}{9}}$

(3) 与式＝５×{11＋(13－12)}＝５×(11＋１)＝５×12＝**60**

(4) 与式＝(2.6÷1.3)×0.4＝２×0.4＝**0.8**

(5) 与式＝$\frac{7}{8}\times24-\frac{5}{6}\times24=21-20=$ **1**

2 (1)① 時速 90 km＝秒速(90×1000÷60÷60)m＝秒速 **25**m

② 求める体積は，(360÷0.18)mL＝2000mL＝**２**L

(2) **【解き方】(平均)×(人数)＝(合計)となることを利用する。**

男子 16 人の体重の合計は 37×16＝592(kg)，女子 14 人の体重の合計は 34×14＝476(kg)だから，クラス全体の体重の合計は 592＋476＝1068(kg)である。よって，クラス全体の体重の平均は 1068÷(16＋14)＝**35.6**(kg)

(3) **【解き方】利益が原価の何倍かを求める。**

定価は原価の１＋0.3＝1.3(倍)だから，売り値は原価の 1.3×(１－0.15)＝1.105(倍)の金額である。

よって，利益は原価の 1.105－１＝0.105(倍)なので，1200×0.105＝**126**(円)である。

(4) **【解き方】３の倍数でも７の倍数でもある数は，３と７の最小公倍数 21 の倍数である。**

１から 100 までの整数のうち３の倍数は，100÷３＝33 余り１より，33 個ある。また，21 の倍数は 100÷21＝４余り 16 より，４個ある。よって，３の倍数であるが７の倍数ではない数は 33－４＝**29**(個)ある。

(5) ①得点の最大値は９だから，正しくない。 ②得点の範囲は９－５＝４(点)だから，正しくない。

③得点の平均点は(５＋６＋６＋６＋７＋７＋８＋９＋９)÷９＝７(点)だから，正しい。

④得点の中央値は，９÷２＝4.5 より，大きさ順に５番目の値《あたい》なので７点であり，正しい。

⑤最頻値は現れる回数が最も多い値だから，６点である。よって，正しくない。

以上より，正しいものは**③，④**である。

3 (1) 平行四辺形は正方形などの特別な形でない限り，対称の軸はない。それ以外の図形は線対称であり，対称の軸は右図のようになる。また，180°回転して同じ形になる図形，つまり点対称な図形は，ひし形，平行四辺形，正六角形だから，説明が間違《まちが》っているものは**①，⑤**である。

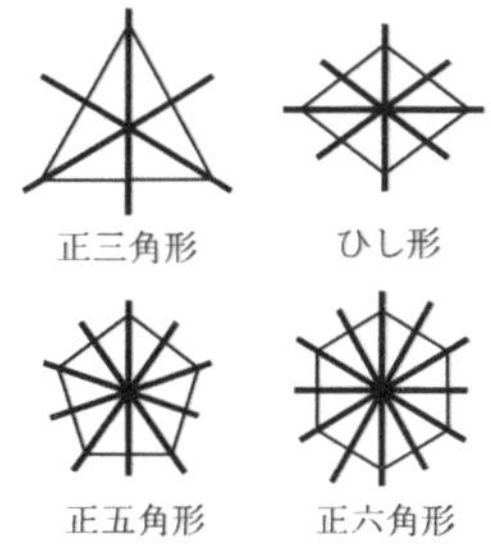

(2) **【解き方】向かい合う角は等しいことを利用する。**

右図において，角ＡＢＣ＝30°だから，角ＤＢＣ＝角ＡＢＣ－角ＡＢＤ＝30°－15°＝15°

角ＣＤＢ＝45°だから，三角形ＢＣＤの内角の和より，角ＢＣＤ＝180°－(15°＋45°)＝120°

向かい合う角は等しいから，角x＝角ＢＣＤ＝**120°**

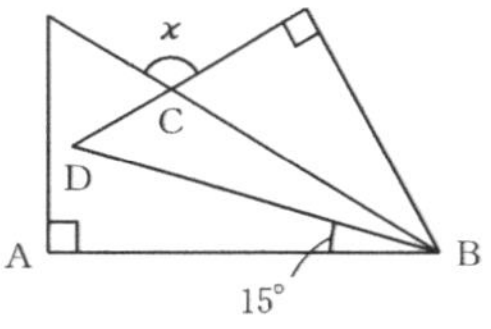

(3) **【解き方】右図のように補助線を引き，色つき部分を２つの三角形に分ける。**

色つき部分の面積は，底辺が９cm，高さが６cmの三角形の面積と，底辺が６cm，高さが 11 cmの三角形の面積の和だから，９×６÷２＋６×11÷２＝**60**(cm²)である。

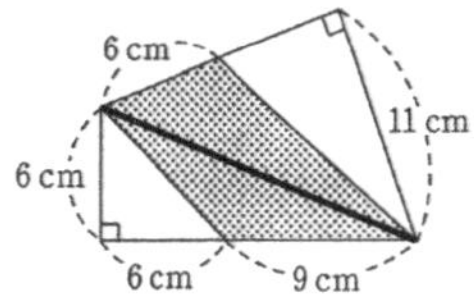

(4)　**【解き方】立方体の展開図では，となりの面にくっつくのならば面を 90° だけ回転移動させることができる。**

①　右図より，面㋐と平行になるのは面**㋓**である。

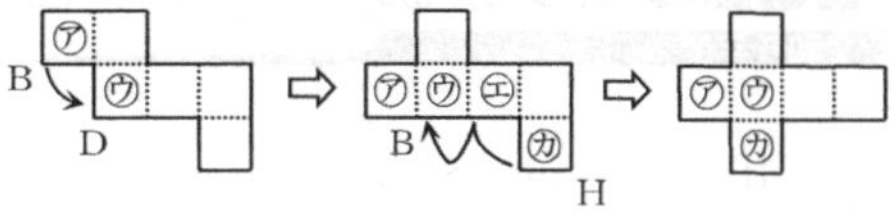

②　立方体の頂点には３つの面が集まるから，Ｂと重なる点は２つある。㋐の面を 90° 回転させて㋒の面とくっつけると，ＢはＤと重なる。また，㋕の面を 90° 回転させて㋓の面にくっつけ，さらに 90° 回転させて㋒の面にくっつけると，ＨはＢ(Ｄ)と重なる。よって，Ｂと重なる点は**Ｄ，Ｈ**である。

4　(1)　学校からスタート地点までは 10 時－８時 50 分＝１時間 10 分＝$1\frac{10}{60}$時間＝$\frac{7}{6}$時間かかった。よって，学校からスタート地点までの道のりは 30×$\frac{7}{6}$＝**35**(㎞)である。

(2)　スタート地点からつばき山公園までは 12 時 40 分－10 時＝２時間 40 分＝$2\frac{40}{60}$時間＝$\frac{8}{3}$時間かかった。よって，スタート地点からつばき山公園まで歩いた速さは，８÷$\frac{8}{3}$＝３より，時速**３㎞**である。

(3)　**【解き方】休けいの時間，公園からゴール地点まで歩いた時間，バスに乗っていた時間の和を求める。**

休けいした時間は 30 分＋10 分＝$\frac{40}{60}$時間＝$\frac{2}{3}$時間である。つばき山公園からゴール地点までは 18－８＝10(㎞)だから，歩いた時間は 10÷５＝２(時間)である。(1)より，ゴール地点から学校までの道のりは 35－10＝25(㎞)だから，バスに乗っていた時間は 25÷30＝$\frac{5}{6}$(時間)である。以上より，つばき山公園に着いてから学校に着くまでに，$\frac{2}{3}$＋２＋$\frac{5}{6}$＝$3\frac{1}{2}$(時間)，つまり３時間(60×$\frac{1}{2}$)分＝３時間 30 分かかったから，学校に着いた時刻は，12 時 40 分＋３時間 30 分＝15 時 70 分＝16 時 10 分，つまり**午後４時 10 分**である。

(4)　**【解き方】全生徒の数は整数となることを利用する。男子と女子の人数比が 11：10 だから，全生徒の比の数は，11＋10＝21 となるので，全生徒の数は 21 の倍数である。**

全生徒の数は最も少なくて 33×11＝363(人)，最も多くて 36×11＝396(人)である。よって，363 以上 396 以下の 21 の倍数を探すと，21×17＝357，21×18＝378，21×19＝399 となり，適する整数は 378 のみである。したがって，全生徒の数は **378** 人である。

5　①　２段目以降の数はすべて，その数の左上と右上にある数の和に等しいので，６段目の左から３番目にある数は，５段目の左から２番目と３番目にある数の和である。よって，５＋10＝**15**

②　例えば，４段目の左から奇数番目の数の和は１＋６＋１＝８，偶数番目の数の和は４＋４＝８となり，その差は８－８＝**０**となる。これはどの段でも同様の結果となる。

③　10 段目の左から３番目の数は，１から９までの連続する整数の和だから，１＋２＋３＋４＋５＋６＋７＋８＋９＝**45** である。

④⑤　１段目の数の和は１＋１＝２，２段目の数の和は１＋２＋１＝４＝２×２，３段目の数の和は１＋３＋３＋１＝８＝２×２×２，…となり，ｎ段目の数の和は２をｎ回かけた値になっている。よって，10 段目の数をすべて足すと，２×２×２×２×２×２×２×２×２×２＝**1024** である。また，１段目から 10 段目までの数をすべて足すと，２＋４＋８＋16＋32＋64＋128＋256＋512＋1024＝**2046** である。

2023 解答例 令和５年度　日向学院中学校

《国　語》

一　問１．１．観察　２．やしな　３．述　４．絶　５．はぐく　　問２．あ．イ　い．エ　う．ウ　え．ア
問３．生命　　問４．ア　　問５．１．森林火災が起こりやすくなる　２．用材　３．ブナにくらべて保水力が悪いため、あふれた水が土砂を押し流してしまったりする　　問６．イ　　問７．エ

二　問１．１．ぞうきばやし　２．夢中　３．湖　４．いちもくさん　５．一件　　問２．a．ア　b．エ
問３．A．ぼくのやり方　B．親友　　問４．ウ　　問５．イ　　問６．あ．自分の名前を書く　い．かわりに敬ちゃんが怒られる　　問７．ア　　問８．イ

《理　科》

1　問１．発芽　　問２．⑴空気〔別解〕酸素　⑵ウ，ク　⑶光　　問３．適当な温度
問４．ア．子葉　イ．デンプン

2　問１．A．エ　B．イ　C．オ　D．ア　E．ウ　　問２．二酸化炭素　　問３．エ

3　問１．①同じ　②東　③南　④西　　問２．同じ　　問３．南　　問４．エ　　問５．C　　問６．エ
問７．ア　　問８．C

4　問１．大きくなる　　問２．エ　　問３．４　　問４．ア　　問５．⑴0.4　⑵4.2

《社　会》

1　問１．⑴排他的経済水域　⑵記号…ウ　島の名前…沖ノ鳥島　　問２．⑴内閣総理大臣　⑵三権分立　　問３．９
問４．⑴少なく，川が短いため。　⑵ハザードマップ　　問５．ウ　　問６．⑴ア　⑵四日市ぜんそく
問７．⑴イ　⑵①ウ　②エ　　問８．エ　　問９．ウ

2　問１．A．フランシスコ・ザビエル　B．スペイン　C．ポルトガル　D．織田信長　E．中国／明／清 のうち１つ
F．オランダ　　問２．ア　　問３．エ→ア→イ→ウ　　問４．イ，エ　　問５．外様を江戸から離れた場所に配置した。　　問６．エ　　問７．イ　　問８．ウ　　問９．イ

《算　数》

1　⑴48　⑵$\frac{5}{12}$　⑶$2\frac{1}{3}$　⑷4.5　⑸22

2　⑴①３　②$1\frac{1}{2}$　⑵1800　⑶87　⑷25　⑸ウ　⑹最頻値…８　中央値…7.5　⑺５

3　⑴105　⑵20.56　⑶２　⑷14.13　⑸右図　⑹31

4　⑴11，５　⑵9.6　⑶９，55

5　①５　②１　③９　④８

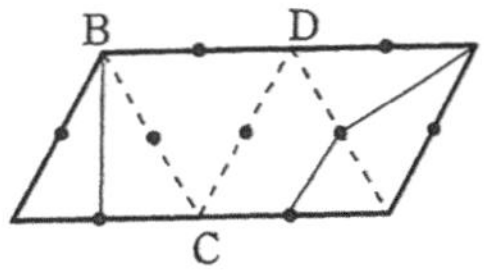

2023 算数解説 令和5年度 ▶日向学院中学校

1 (1) 与式＝36＋12＝48

(2) 与式＝$\frac{8}{12}-\frac{3}{12}=\frac{5}{12}$

(3) 与式＝$3-\frac{2}{3}=\frac{9}{3}-\frac{2}{3}=\frac{7}{3}=2\frac{1}{3}$

(4) 与式＝1.5×3＝4.5

(5) 与式＝51－(38－9)＝51－29＝22

2 (1)① 48－12×□＝12　12×□＝48－12　12×□＝36　□＝36÷12＝3

② $2\div\frac{1}{3}=6$より，$\frac{1}{3}$，$\frac{1}{4}$にそれぞれ6をかけると，$\frac{6}{3}:\frac{6}{4}=2:1\frac{1}{2}$となるから，□＝$1\frac{1}{2}$

(2) **【解き方】2割の利益を見込んで定価をつけるから，定価は仕入れ値の1＋0.2＝1.2(倍)となる。**

定価は，1500×1.2＝1800(円)

(3) **【解き方】(平均点)×(テストの数)＝(合計点)となることを利用する。**

3教科の平均点が75点だから，3教科の合計点は75×3＝225(点)となる。算数を加えた4教科で平均点が78点となるためには，合計点が78×4＝312(点)となればよい。よって，算数のテストで，312－225＝87(点)とればよい。

(4) **【解き方】10月と11月の支出額をともに100とすると，10月の食費は20で，11月は25となる。**

食費は25－20＝5増えた。増えた分は10月の食費の$\frac{5}{20}=\frac{1}{4}$だから，$\frac{1}{4}$×100＝25(%)増えた。

(5) **【解き方】前後の数の差に注目すると，$2\overset{3}{\frown}5\overset{4}{\frown}9\overset{5}{\frown}14\overset{6}{\frown}20$，……となり，差が1ずつ増えている。したがって，a番目の数は，2からa＋1までの連続する整数の和になっていると考えられる。bからcまで等間隔《とうかんかく》に並ぶx個の数の和は，(b＋c)×x÷2で求められることを利用する。**

a番目の数は，2からa＋1まで等間隔に並ぶa個の数の和と等しいから，

{2＋(a＋1)}×a÷2＝(3＋a)×a÷2と表せる。よって，ウが正しい。

(6) **【解き方】計算テストの点数を低い順に左上から右下に向かって並べると右表のようになる。**

計算テスト(点)									
5	6	6	6	6	7	7	7	7	7
8	8	8	8	8	8	9	9	9	10

最頻値は最も多く出てくる点数だから，8点である。中央値は20÷2＝10より，10番目と11番目の得点の平均だから，(7＋8)÷2＝7.5(点)となる。

(7) **【解き方】右のような表にまとめて考える。**

	男性	女性	合計
おとな	㋔	㋓	13
子ども	㋒	㋑	㋐
合計			48

㋐＝48－13＝35　㋑と㋒は和が35，差が1だから，㋑を㋒と同じ値《あたい》にすると和が35－1＝34になる。これが㋑の2倍なので，㋑＝34÷2＝17

㋑が女性全体の68%だから，㋓は女性全体の100－68＝32(%)なので，

㋓＝$17\times\frac{32}{68}=8$　よって，㋔＝13－8＝5であり，これが求める人数である。

3 (1) **【解き方】2つの三角定規のつくる角度は右図のようになる。**

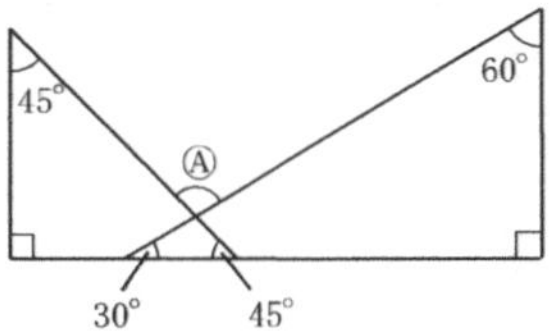

求める角は，2つの内角が30°，45°の三角形の残りの内角と対頂角の関係だから，180°－(30°＋45°)＝105°

(2) **【解き方】右のように作図する。**

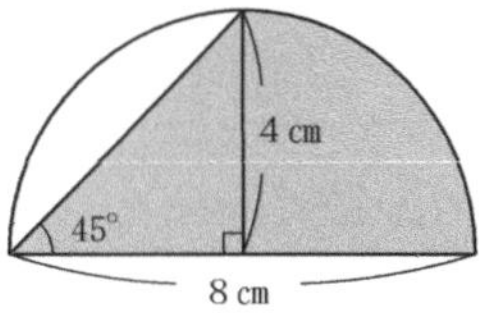

求める面積は，直角をつくる2辺の長さが4㎝の直角二等辺三角形の面積と，半径4㎝の円の面積の$\frac{1}{4}$の和だから，

$4\times4\div2+4\times4\times3.14\times\frac{1}{4}=8+12.56=20.56$(㎠)

(3)　**【解き方】同じ量の水を入れたとき，水の深さの比は，底面積の比の逆比となる。**

AとBの底面積の比は，$(4\times4\times3.14):(8\times8\times3.14)=1:4$だから，同じ量の水を入れたときの深さの比は，$4:1$になる。よって，Bの水の深さは，$8\times\frac{1}{4}=2$(cm)となる。

(4)　**【解き方】Oが通った後の線は右図の太線部となる。**

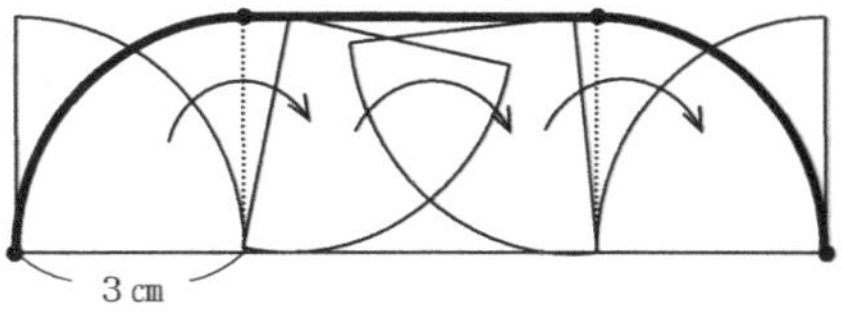

太線が直線になっている部分は，おうぎ形の曲線上の点から中心までの長さはつねに半径と同じ長さになることからえがかれる。

曲線部分の長さはどちらも，半径3cmの円の円周の$\frac{1}{4}$である。

直線部分の長さは，転がしたおうぎ形の曲線部分の長さと等しいから，半径3cmの円の円周の$\frac{1}{4}$である。よって，求める長さは，$(3\times2\times3.14\times\frac{1}{4})\times3=\frac{9}{2}\times3.14=14.13$(cm)

(5)　**【解き方】展開図に対応する点をかき込むと右図のようになる。**

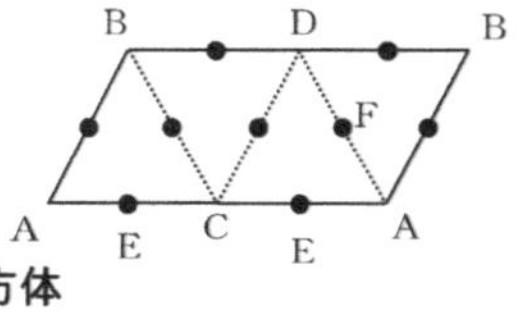

右図のように対応する点をかき込み，BとE，EとF，BとFをそれぞれ同じ面上で結べばよい。

(6)　**【解き方】右図のように4つの立体に分けて考える。色がついている小さい立方体がくり抜かれたものである。**

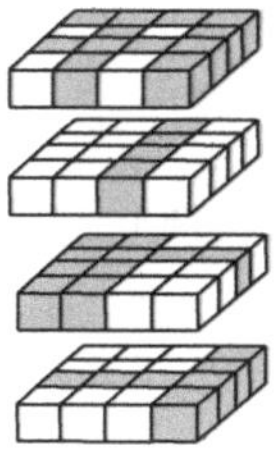

上の段から順にくり抜かれていない立方体は，4個，12個，6個，9個だから，

求める個数は，$4+12+6+9=31$(個)

4　(1)　**【解き方】同じ道のりを進むときにかかる時間の比は，速さの比の逆比になる。したがって，太郎さんが同じ道のりを進むとき，行きと帰りでかかった時間の比は，5：4の逆比の4：5になる。**

家から公園まで行きでは24分かかったから，帰りは，$24\times\frac{5}{4}=30$(分)かかる。

グラフより，帰りは10時15分に公園に着き，10時15分＋20分＝10時35分に公園を出発したとわかる。

よって，家に着いた時刻は，10時35分＋30分＝11時5分

(2)　4.8kmを30分＝$\frac{30}{60}$時間＝$\frac{1}{2}$時間で移動しているので，$4.8\div\frac{1}{2}=9.6$より，時速9.6kmとなる。

(3)　**【解き方】太郎さんが行きで公園を通ってから帰りに公園に着くまでの時間は，10時15分－9時24分＝51分である。そのうち移動時間は51－15＝36(分)であり，行きと帰りでかかった時間の比は4：5である。**

本屋から公園までの移動でかかった時間は，$36\times\frac{5}{4+5}=20$(分)である。よって，本屋を出た時刻は，10時15分－20分＝9時55分となる。

5　①　2つの数のかけ算で，一の位が5になるのは，少なくとも一方が5のときである。

②　百の位が6で千の位がないので，アとエをかけ算すると1けたの数になる。一方が5だからもう一方は1である。エが1の場合，アウア×エ＝アウアとなり，百の位が6にならないので，エが5，アが1である。

③　イに2が入る場合，121×ウが4けたの数になる。ウが8以下だと3けたになるので，ウは9である。

④　イに3が入る場合，121×ウが4けたの数になる。ウが7以下だと3けたになるので，ウは9か8である。

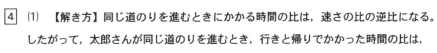

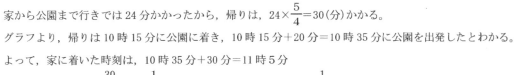

2022 解答例 令和4年度　日向学院中学校

《国　語》

一　問1．1．生息　2．水辺　3．ごうじょう　4．はつが　5．さかて　問2．ウ　問3．1．ウ　2．エ　3．オ　4．ア　問4．A．エ　B．イ　問5．種子を運ぶ　問6．(1)草刈りや草むしりは雑草にとって逆境だが、それを逆手にとって増殖する　(2)雑草の種子は光が当たると芽を出すものが多い　問7．エ

二　問1．1．予告　2．間接　3．友達　4．くちょう　5．謝　問2．A．ウ　B．ア　C．オ　D．エ　問3．a．ア　b．エ　問4．うみかが「私」に『6年の科学』を買ってもらいたいという願いを取り下げること。　問5．ウ　問6．イ　問7．エ　問8．うみかも同じ時間に使うピアニカを借りて申し訳ないことをしてしまったため、逆上がりの練習を手伝うことで許してもらおうとすること。

《理　科》

1　問1．でんぷん　問2．かん臓　問3．じん臓　問4．藻類が出す酸素と，エビが取り入れる酸素の量が等しいから。　問5．食物れんさ　問6．イ

2　問1．ア，ウ　問2．びんの中の空気が入れかわるから。　問3．二酸化炭素　問4．石灰水　問5．①上　②長い

3　問1．エ　問2．右　問3．ウ　問4．イ　問5．エ　問6．北極星

4　問1．①イ　②オ　③キ　④ク　⑤ケ　⑥キ　⑦ク　⑧ケ（③と④，⑦と⑧は順不同）　問2．ア，ウ　問3．(1)①2　②3　(2)(A)2.8　(B)400

《社　会》

1　問1．(1)参議院　(2)国民主権　(3)18　問2．三権分立　問3．ユニバーサル(デザイン)　問4．太陽光／水力／風力／バイオマス／地熱 などから1つ　問5．リサイクル　問6．(1)①四日市ぜんそく　②ウ　(2)黒潮〔別解〕日本海流　(3)①イ　②農業で働く人が減り，高齢化も進んでいること。　(4)ウ　(5)イ　(6)ア

2　問1．石包丁　問2．ウ　問3．ウ　問4．書院　問5．雪舟　問6．イ　問7．寺子屋　問8．エ　問9．キリスト教信者を見つけ出すため。　問10．ウ　問11．シルクロード　問12．平城京　問13．ア　問14．授業料を負担しなければならなかったから。（下線部は学校建設費でもよい）〔別解〕子供も重要な労働力だったから。　問15．ア　問16．ウ→イ→ア　問17．ウ　問18．全国水平社　問19．D→B→C→E

《算　数》

1　(1)30　(2)$\frac{7}{12}$　(3)40　(4)62.8　(5)$\frac{3}{8}$

2　(1)①20　②24　(2)7，8，9　(3)A　(4)750　(5)6.5　(6)160

3　(1)30　(2)①12.56　②25　(3)452.16　(4)108　(5)150.72

4　(1)9，45　(2)10，3　(3)1800

5　ア．4　イ．14　ウ．3　エ．135

1 (1) 与式＝36－6＝30

(2) 与式$=\frac{11}{4}-\frac{11}{6}-\frac{1}{3}=\frac{33}{12}-\frac{22}{12}-\frac{4}{12}=\frac{7}{12}$

(3) 与式＝96－(82－26)＝96－56＝40

(4) 与式＝(２×４＋２×６)×3.14＝(８＋12)×3.14＝20×3.14＝62.8

(5) 与式$=\frac{7}{16}\div\frac{25}{100}\times\frac{3}{14}=\frac{7}{16}\div\frac{1}{4}\times\frac{3}{14}=\frac{7}{16}\times\frac{4}{1}\times\frac{3}{14}=\frac{3}{8}$

2 (1)① 時速 72km＝時速 72000m＝秒速$\frac{72000}{60\times60}$m＝秒速 20m

② １Ｌ＝10dL より，2.4dL$=\frac{2.4}{10}$Ｌ$=\frac{24}{100}$Ｌだから，１Ｌの，$\frac{24}{100}\times100=24$(％)

(2) 商が１けたになるには，86÷8□をしたときに商が立たなければよい。

よって，8□が 86 よりも大きい数になればよいので，□にあてはまる数は，７，８，９

(3) **【解き方】(金額)÷(枚数)で１枚当たりの金額が求められる。**

Ａは１枚当たり$\frac{200}{180\times3}=\frac{10}{27}$(円)で，Ｂは１枚当たり$\frac{300}{150\times5}=\frac{2}{5}$(円)となる。

分子をそろえると$\frac{10}{27}$円と$\frac{10}{25}$円で，$\frac{10}{27}$円の方が小さいので，ティッシュ１枚当たりの金額が安いのはＡである。

(4) **【解き方】残りの牛乳の量が最初に入っていた牛乳の量の何倍に当たるかを計算する。**

最初に入っていた牛乳の量を１とすると，１日目に全体の$\frac{1}{3}$を飲んだことから$\frac{2}{3}$残り，２日目に残りの牛乳の$\frac{3}{5}$を飲んだことから$\frac{2}{5}$残るので，最後の残りは最初に入っていた牛乳の$\frac{2}{3}\times\frac{2}{5}=\frac{4}{15}$(倍)になる。

よって，最初に入っていた牛乳の量は，$200\div\frac{4}{15}=750$(mL)

(5) **【解き方】20 人の中央値は，20÷２＝10 より，大きさの順に並べたときの 10 番目と 11 番目の平均となる。**

小さい方から 10 番目の点数は６点，11 番目の点数は７点なので，中央値は，(６＋７)÷２＝6.5(点)

(6) **【解き方】(Ｅの身長)＝(５人の身長の合計)－(Ａ～Ｄの４人の身長の合計)**

Ａ，Ｂ，Ｃ，Ｄの４人の身長の平均が 156.5 ㎝であることから，４人の身長の合計は，156.5×４＝626(㎝)

５人の身長の平均が 157.2 ㎝であることから，５人の身長の合計は，157.2×５＝786(㎝)

よって，Ｅの身長は，786－626＝160(㎝)

3 (1) **【解き方】右のように作図する。ＡＢとＡＣは直線ＤＥについて対称なので，ＡＢ＝ＡＣである。折ったとき重なるので，ＡＢ＝ＢＣだから，三角形ＡＢＣは正三角形である。**

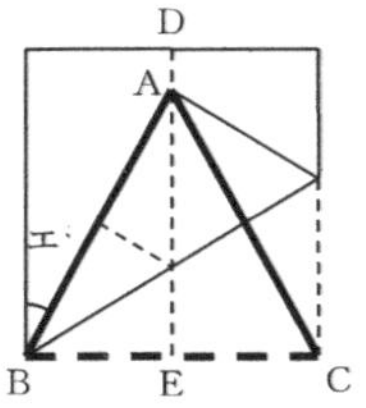

よって，㋐の角度は 90°－60°＝30°

(2)① **【解き方】半径(６＋２)÷２＝４(㎝)の半円と半径２÷２＝１(㎝)の半円の面積の和から，半径６÷２＝３(㎝)の半円の面積を引けばよい。**

(４×４×3.14)÷２＋(１×１×3.14)÷２－(３×３×3.14)÷２＝８×3.14＋0.5×3.14－4.5×3.14＝(８＋0.5－4.5)×3.14＝12.56(㎠)

② **【解き方】右図のように色を付けた部分を１つにまとめると，平行四辺形ができる。**

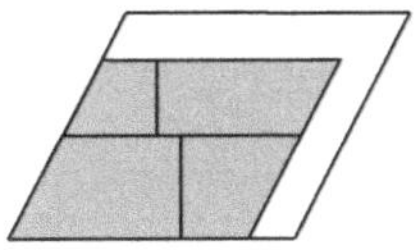

底辺が６－１＝５(㎝)，高さが３＋２＝５(㎝)の平行四辺形となるので，

面積は，５×５＝25(㎠)

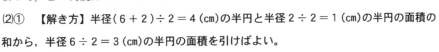

(3)　**【解き方】真上と真下それぞれから見たときに見える面の面積と，小さい円柱の側面積と，大きい円柱の側面積を足せばよい。円柱の側面積は，縦の長さが円柱の高さ，横の長さが底面の円周と同じ長さである長方形の面積と等しい。**

真上から見たときに見える面の面積は半径6㎝の円の面積と等しい。これと真下から見える面積を足すと，

(6×6×3.14)×2＝72×3.14(㎠)

小さい円柱の側面積は，(底面の円周)×(高さ)＝(2×2×3.14)×3＝12×3.14(㎠)

大きい円柱の側面積は，(底面の円周)×(高さ)＝(6×2×3.14)×5＝60×3.14(㎠)

よって，この立体の表面積は，72×3.14＋12×3.14＋60×3.14＝(72＋12＋60)×3.14＝452.16(㎠)

(4)　**【解き方】縦4㎝，横6㎝，高さ6㎝の直方体の体積から，縦4㎝，横3㎝，高さ6－3＝3(㎝)の直方体の体積を引けばよい。**

4×6×6－4×3×3＝108(㎤)

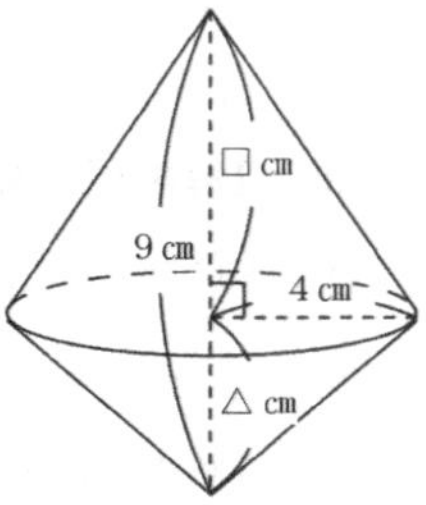

(5)　**【解き方】できる立体は右図のように2つの円すいを合わせた図形になる。**

円すいの体積は，(底面積)×(高さ)÷3で求められるから，

(4×4×3.14)×□÷3＋(4×4×3.14)×△÷3＝

4×4×$\frac{1}{3}$×3.14×□＋4×4×$\frac{1}{3}$×3.14×△＝4×4×$\frac{1}{3}$×3.14×(□＋△)＝

4×4×$\frac{1}{3}$×3.14×9＝48×3.14＝150.72(㎤)

4　(1)　太郎さんは片道に2400÷60＝40(分)かかったので，求める時刻は，9時5分＋40分＝9時45分

(2)　花子さんは片道の移動に2400÷50＝48(分)かかり，買い物に15分かかったので，求める時刻は，

9時＋48分＋15分＝10時3分

(3)　**【解き方】2人のいる位置を時間の経過にあわせて調べていく。**

太郎さんが花子さんの家を出たのは，9時45分＋3分＝9時48分，花子さんが太郎さんの家を出たのは，

10時3分＋5分＝10時8分　　この2つの時刻の間の10時8分－9時48分＝20分間で，太郎さんは60×20＝1200(m)進んだから，2人の間の道のりは2400－1200＝1200(m)となる。

同じ時間に進む道のりの比は速さの比と等しく，このときの2人の速さの比は60：60＝1：1だから，1200mのちょうど真ん中の地点で2人は出会う。よって，求める道のりは，1200＋1200÷2＝1800(m)

5　ひとつの頂点から引ける対角線を考えると，その頂点自身と，となり合う2つの頂点には対角線が引けないから，七角形のひとつの頂点から引ける対角線は，7－3＝ア4(本)となる。よって，七角形の対角線の数は，4×7÷2＝イ14(本)　　同様に考えると，n角形のひとつの頂点から引ける対角線の数は，n－ウ3(本)，n角形の対角線の数は，(n－3)×n÷2(本)なので，十八角形の対角線の数は，(18－3)×18÷2＝エ135(本)

2021 解答例
令和３年度

日向学院中学校

《国　語》

一　問１．１．耕　２．基準　３．ふし　４．おこな　５．経　問２．A．イ　B．エ　C．オ　D．ア
問３．Ⅰ．木の生命を奪う　Ⅱ．木を育ててきた　Ⅲ．最後の収穫行為　問４．イ　問５．森の産～あげる
問６．１．非常に多い　２．幹が通～るから　問７．エ

二　問１．１．発散　２．親　３．絶対　４．ぎょうそう　５．放心　問２．Ⅰ．コ　Ⅱ．イ　Ⅲ．ア　Ⅳ．エ　Ⅴ．カ　問３．A．エ　B．カ　C．ア　問４．映画の主人～のだった。　問５．A．本が好きではないので図書委員になる資格はない　B．シモダくんと仲良く話をして、いろいろなことを教えてもらいたい
問６．とにかく～していた　問７．三学期がは

《理　科》

1　(1)消化管　(2)A．ウ　B．ア　(3)30℃～40℃は口の中の温度に近いから。（下線部は体温でもよい）
(4)あ小腸　い血液　う肝臓

2　(1)ウ　(2)ウ，エ　(3)エ，オ　(4)蒸発皿にとり加熱する。／においをかぐ。などから１つ　(5)ア　(6)白

3　(1)しん食　(2)A　(3)ウ　(4)川の外側の方が水の流れが速く，しん食が起こりやすいから。
(5)①丸く　②小さく　(6)運ぱんされるときに石の角が削られて丸くなり，大きさも小さくなるから。　(7)イ

4　(1)ウ　(2)ウ　(3)並列(つなぎ)　(4)発光ダイオード〔別解〕ＬＥＤ　(5)①オ　②イ　③ウ　④エ　⑤キ

《社　会》

1　問１．(1)イ　(2)記号…ア　時代名…江戸　(3)騒音が防げる〔別解〕住宅地にしょうとつする被害を防げる　(4)長崎
問２．(1)ア　(2)ア　(3)ウ　問３．西　問４．a．関ヶ原　b．徳川　c．外様　問５．(1)①ア　②ウ　③イ
(2)①12　②壇ノ浦の戦い　③平　④鎌倉　問６．(1)ア　(2)B　(3)エ　問７．(1)長さが短く，流れが急　(2)ウ
問８．那覇　問９．(1)エ　(2)エ

2　問１．(1)国会議員　(2)イ　問２．(1)９　(2)もちこませない　問３．裁判所　問４．イ

《算　数》

1　(1)281　(2)$\frac{5}{36}$　(3)211　(4)$\frac{3}{16}$　(5)4.6

2　(1)①0.3　②3.5　(2)５　(3)1500　(4)10，52　(5)30　(6)33

3　(1)①合同　②8.3　③55　(2)36.48　(3)23　(4)12.56　(5)480

4　(1)25　(2)37，30　(3)５　(4)25

5　ア．66　イ．55　ウ．11　エ．38　オ．13　カ．３　キ．９

日向学院中学校

1

(1) 与式＝173＋108＝281

(2) 与式＝$5\times(\frac{1}{9}-\frac{1}{12})=5\times(\frac{4}{36}-\frac{3}{36})=5\times\frac{1}{36}=\frac{5}{36}$

(3) 与式＝258－(56－９)＝258－47＝211

(4) 与式＝$\frac{1}{4}\times\frac{4}{3}\times\frac{9}{16}=\frac{3}{16}$

(5) 与式＝2.3×(5.2－3.2)＝2.3×２＝4.6

2

(1)① 与式より，４×□＝2.3－1.1　　４×□＝1.2　　□＝1.2÷４＝0.3

② ４は８を２で割った数だから，□も７を２で割った数になる。□＝７÷２＝3.5

(2) **【解き方】公約数は，最大公約数の約数である。**

64＝２×２×２×２×２×２，80＝２×２×２×２×５より，64 と 80 の最大公約数は２×２×２×２＝16 である。したがって，64 と 80 の公約数は，１，２，２×２＝４，２×２×２＝８，２×２×２×２＝16 の５個である。

(3) 2000×(１－0.25)＝2000×0.75＝1500(円)

(4) **【解き方】公倍数に注目する。**

列車は 16 分の倍数分ごとに，バスは 28 分の倍数分ごとに出発するから，同時に出発するのは 16 分と 28 分の公倍数である。16＝２×２×２×２，28＝２×２×７より，16 と 28 の最小公倍数は，２×２×２×２×７＝112 だから，次に列車とバスが同時に出発するのは，午前９時の 112 分後＝１時間 52 分後の，午前 10 時 52 分である。

(5) **【解き方】一番小さいＥを①として考える。**

Ｅの割合を①とすると，Ｄは①×２＝②，Ｃは②×２＝④，Ｂは④×1.5＝⑥，Ａは②×3.5＝⑦と表せる。
①＋②＋④＋⑥＋⑦＝⑳が 100％にあたるから，Ｂは $100\times\frac{⑥}{⑳}$＝30(％)

(6) **【解き方】(平均の重さ)×(個数)＝(合計の重さ)で考える。**

Ａ～Ｄまでの重さの和は，32＋28＋36＋31＝127(ｇ)で，５個の重さの和は，32×５＝160(ｇ)だから，
品物Ｅの重さは，160－127＝33(ｇ)

3

(1)② 辺ＤＥは，68°の角Ｆと向かい合う辺だから，辺ＤＥと対応するのは辺ＣＡである。

③ 角Ｄと対応するのは，角Ｃだから，180°－57°－68°＝55°

(2) **【解き方】右のように，半径が８㎝で中心角が 90°のおうぎ形２つを重ねると，色のついた部分だけが重なる。**

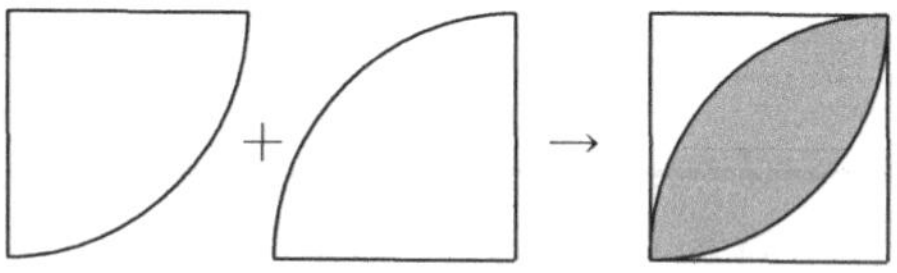

半径が８㎝で中心角が 90°のおうぎ形２つの面積の和から，１辺が８㎝の正方形の面積を引けばよい。

よって，求める面積は，$(8\times8\times3.14\times\frac{90}{360})\times2-8\times8$＝100.48－64＝36.48(㎠)

(3) **【解き方】右図で，角ＡＣＤを求めれば，角㋐の大きさは求められる。**

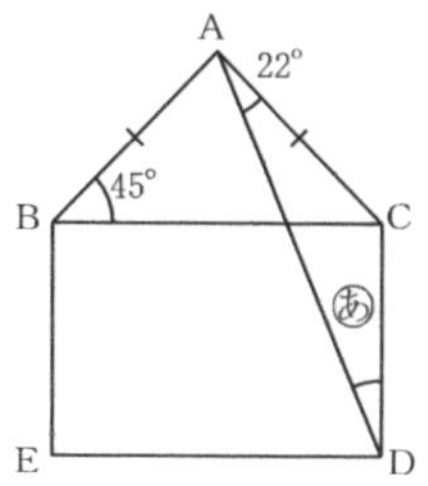

右図で，三角形ＡＢＣは直角二等辺三角形だから，角ＡＣＢ＝角ＡＢＣ＝45°
四角形ＢＥＤＣは長方形だから，角ＢＣＤ＝90°
したがって，角ＡＣＤ＝45°＋90°＝135°だから，三角形ＡＣＤの内角の和より，
角㋐＝180°－22°－135°＝23°

⑷　**【解き方】点Aは，右図の太線を動く。**

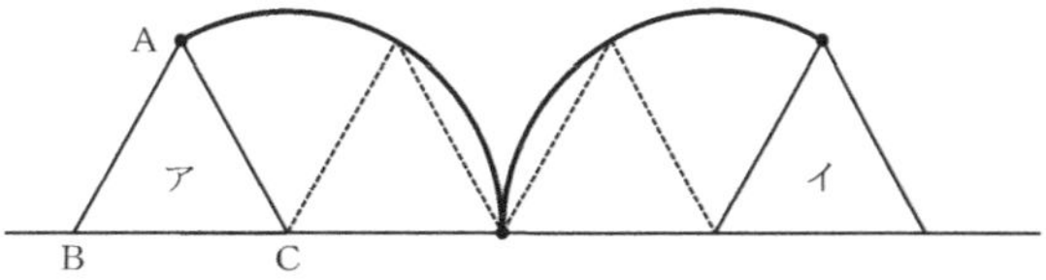

正三角形の１つの内角の大きさは60°だから，右図の太線を曲線部分とするおうぎ形の中心角の大きさは180°－60°＝120°である。よって，求める長さは，半径が３cm，中心角の大きさが120°のおうぎ形の曲線部分２つに等しく，$(3\times2)\times3.14\times\frac{120}{360}\times2=12.56$(cm)

⑸　**【解き方】右図のような四角柱になる。**

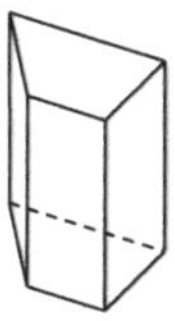

底面は，上底が５cm，下底が11 cm，高さが４cmの台形だから，底面積は$(5+11)\times4\div2=$32(cm²)である。四角柱の高さは15 cmだから，体積は，$32\times15=480$(cm³)

4　⑴　**【解き方】単位をそろえて，計算する。**

１周が1.5 km＝1500ｍだから，３周は$1500\times3=4500$(ｍ)になる。よって，かかる時間は，$4500\div180=25$(分)

⑵　**【解き方】⑴と同じように計算する。**

$4500\div120=37.5$(分)，つまり，37分30秒かかる。

⑶　**【解き方】AさんとBさんの道のりの和が，池の周りの長さになったときに出会う。**

AさんとBさんが１分間に進む道のりの和は，$180+120=300$(ｍ)だから，1500ｍになるのに，$1500\div300=5$(分)かかる。よって，２人が再び出会うのは出発してから５分後である。

⑷　**【解き方】AさんとBさんの道のりの差が，池の周りの長さになったときにAさんがBさんに追いつく。**

AさんはBさんに１分間で$180-120=60$(ｍ)の差をつけるから，1500ｍ差をつけるのに，$1500\div60=25$(分)かかる。よって，AさんがBさんに１周差をつけて追いつくのは出発してから25分後である。

5　599を９で割るとあまりが５だから，ア＝$(599-5)\div9=66$

500を９で割るとあまりが５だから，イ＝$(500-5)\div9=55$

599までに９の倍数は66個あり，499までに９の倍数は55個あるから，500から599までに９の倍数は，

ウ＝$66-55=11$(個)

エ＝$342\div9=38$

百の位の数は１以上９以下の整数で，一の位の数は０以上９以下の数だから，百の位の数と一の位の数の和の最小値が$1+0=1$，最大値は$9+9=18$である。よって，百の位の数と一の位の数の和が$9-5=4$のときと$18-5=$オ13のときを調べればよい。

百の位の数と一の位の数の和が４になるのは，(百の位の数，一の位の数)＝(１，３)(２，２)(３，１)のカ3通り。百の位の数と一の位の数の和が13になるのは，(９，４)(８，５)(７，６)(６，７)(５，８)(４，９)の６通り。よって，$3+6=$キ9(通り)

■ ご使用にあたってのお願い・ご注意

（1）問題文等の非掲載

著作権上の都合により，問題文や図表などの一部を掲載できない場合があります。

誠に申し訳ございませんが，ご了承くださいますようお願いいたします。

（2）過去問における時事性

過去問題集は，学習指導要領の改訂や社会状況の変化，新たな発見などにより，現在とは異なる表記や解説になっている場合があります。過去問の特性上，出題当時のままで出版していますので，あらかじめご了承ください。

（3）配点

学校等から配点が公表されている場合は，記載しています。公表されていない場合は，記載していません。

独自の予想配点は，出題者の意図と異なる場合があり，お客様が学習するうえで誤った判断をしてしまう恐れがあるため記載していません。

（4）無断複製等の禁止

購入された個人のお客様が，ご家庭でご自身またはご家族の学習のためにコピーをすることは可能ですが，それ以外の目的でコピー，スキャン，転載（ブログ，ＳＮＳなどでの公開を含みます）などをすることは法律により禁止されています。学校や学習塾などで，児童生徒のためにコピーをして使用することも法律により禁止されています。

ご不明な点や，違法な疑いのある行為を確認された場合は，弊社までご連絡ください。

（5）けがに注意

この問題集は針を外して使用します。針を外すときは，けがをしないように注意してください。また，表紙カバーや問題用紙の端で手指を傷つけないように十分注意してください。

（6）正誤

制作には万全を期しておりますが，万が一誤りなどがございましたら，弊社までご連絡ください。

なお，誤りが判明した場合は，弊社ウェブサイトの「ご購入者様のページ」に掲載しておりますので，そちらもご確認ください。

■ お問い合わせ

解答例，解説，印刷，製本など，問題集発行におけるすべての責任は弊社にあります。

ご不明な点がございましたら，弊社ウェブサイトの「お問い合わせ」フォームよりご連絡ください。迅速に対応いたしますが，営業日の都合で回答に数日を要する場合があります。

ご入力いただいたメールアドレス宛に自動返信メールをお送りしています。自動返信メールが届かない場合は，「よくある質問」の「メールの問い合わせに対し返信がありません。」の項目をご確認ください。

また弊社営業日（平日）は，午前９時から午後５時まで，電話でのお問い合わせも受け付けています。

2025 春

株式会社教英出版
〒422-8054　静岡県静岡市駿河区南安倍３丁目 12-28
TEL　054-288-2131　　FAX　054-288-2133
URL　https://kyoei-syuppan.net/
MAIL siteform@kyoei-syuppan.net

教英出版　2025年春受験用　中学入試問題集

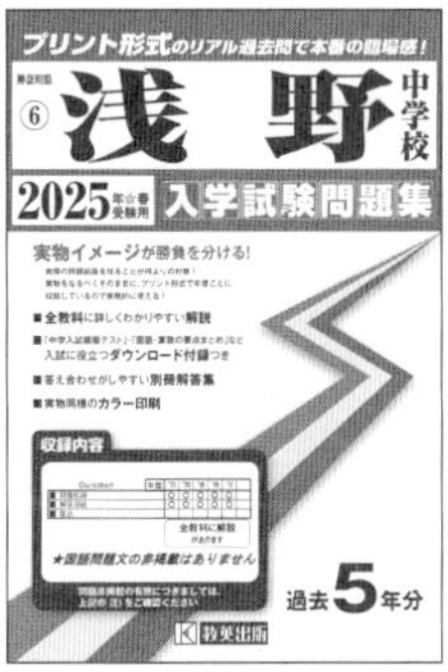

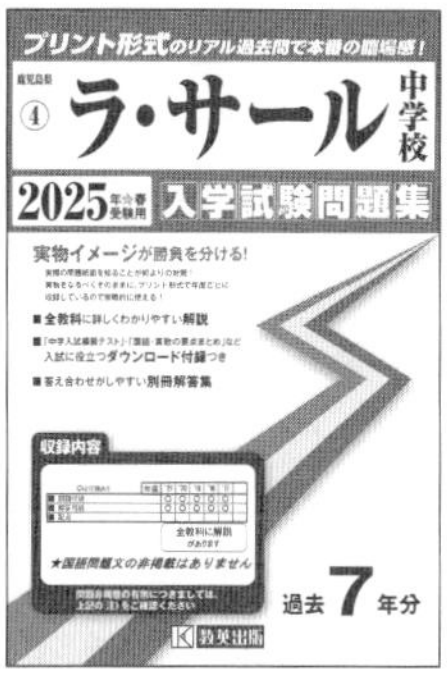

学校別問題集

✿はカラー問題対応

北海道

①[市立]札幌開成中等教育学校
②藤女子中学校
③北嶺中学校
④北星学園女子中学校
⑤札幌大谷中学校
⑥札幌光星中学校
⑦立命館慶祥中学校
⑧函館ラ・サール中学校

青森県

①[県立]三本木高等学校附属中学校

岩手県

①[県立]一関第一高等学校附属中学校

宮城県

①[県立]宮城県古川黎明中学校
②[県立]宮城県仙台二華中学校
③[市立]仙台青陵中等教育学校
④東北学院中学校
⑤仙台白百合学園中学校
⑥聖ウルスラ学院英智中学校
⑦宮城学院中学校
⑧秀光中学校
⑨古川学園中学校

秋田県

①[県立] 大館国際情報学院中学校 / 秋田南高等学校中等部 / 横手清陵学院中学校

山形県

①[県立] 東桜学館中学校 / 致道館中学校

福島県

①[県立] 会津学鳳中学校 / ふたば未来学園中学校

茨城県

①[県立] 日立第一高等学校附属中学校 / 太田第一高等学校附属中学校 / 水戸第一高等学校附属中学校 / 鉾田第一高等学校附属中学校 / 鹿島高等学校附属中学校 / 土浦第一高等学校附属中学校 / 竜ヶ崎第一高等学校附属中学校 / 下館第一高等学校附属中学校 / 下妻第一高等学校附属中学校 / 水海道第一高等学校附属中学校 / 勝田中等教育学校 / 並木中等教育学校 / 古河中等教育学校

栃木県

①[県立] 宇都宮東高等学校附属中学校 / 佐野高等学校附属中学校 / 矢板東高等学校附属中学校

群馬県

① [県立]中央中等教育学校 / [市立]四ツ葉学園中等教育学校 / [市立]太田中学校

埼玉県

①[県立]伊奈学園中学校
②[市立]浦和中学校
③[市立]大宮国際中等教育学校
④[市立]川口市立高等学校附属中学校

千葉県

①[県立] 千葉中学校 / 東葛飾中学校
②[市立]稲毛国際中等教育学校

東京都

①[国立]筑波大学附属駒場中学校
②[都立]白鷗高等学校附属中学校
③[都立]桜修館中等教育学校
④[都立]小石川中等教育学校
⑤[都立]両国高等学校附属中学校
⑥[都立]立川国際中等教育学校
⑦[都立]武蔵高等学校附属中学校
⑧[都立]大泉高等学校附属中学校
⑨[都立]富士高等学校附属中学校
⑩[都立]三鷹中等教育学校
⑪[都立]南多摩中等教育学校
⑫[区立]九段中等教育学校
⑬開成中学校
⑭麻布中学校
⑮桜蔭中学校
⑯女子学院中学校
✿⑰豊島岡女子学園中学校
⑱東京都市大学等々力中学校
⑲世田谷学園中学校
✿⑳広尾学園中学校(第2回)
✿㉑広尾学園中学校(医進・サイエンス回)
㉒渋谷教育学園渋谷中学校(第1回)
㉓渋谷教育学園渋谷中学校(第2回)
㉔東京農業大学第一高等学校中等部(2月1日 午後)
㉕東京農業大学第一高等学校中等部(2月2日 午後)

神奈川県

①[県立]相模原中等教育学校
　　　　平塚中等教育学校
②[市立]南高等学校附属中学校
③[市立]横浜サイエンスフロンティア高等学校附属中学校
④[市立]川崎高等学校附属中学校
✿⑤聖光学院中学校
✿⑥浅野中学校
⑦洗足学園中学校
⑧法政大学第二中学校
⑨逗子開成中学校(1次)
⑩逗子開成中学校(2·3次)
⑪神奈川大学附属中学校(第1回)
⑫神奈川大学附属中学校(第2·3回)
⑬栄光学園中学校
⑭フェリス女学院中学校

新潟県

①[県立]村上中等教育学校
　　　　柏崎翔洋中等教育学校
　　　　燕中等教育学校
　　　　津南中等教育学校
　　　　直江津中等教育学校
　　　　佐渡中等教育学校
②[市立]高志中等教育学校
③新潟第一中学校
④新潟明訓中学校

石川県

①[県立]金沢錦丘中学校
②星稜中学校

福井県

①[県立]高志中学校

山梨県

①山梨英和中学校
②山梨学院中学校
③駿台甲府中学校

長野県

①[県立]屋代高等学校附属中学校
　　　　諏訪清陵高等学校附属中学校
②[市立]長野中学校

岐阜県

①岐阜東中学校
②鶯谷中学校
③岐阜聖徳学園大学附属中学校

静岡県

①[国立]静岡大学教育学部附属中学校
　　　　(静岡·島田·浜松)
②[県立]清水南高等学校中等部
　[県立]浜松西高等学校中等部
　[市立]沼津高等学校中等部
③不二聖心女子学院中学校
④日本大学三島中学校
⑤加藤学園暁秀中学校
⑥星陵中学校
⑦東海大学付属静岡翔洋高等学校中等部
⑧静岡サレジオ中学校
⑨静岡英和女学院中学校
⑩静岡雙葉中学校
⑪静岡聖光学院中学校
⑫静岡学園中学校
⑬静岡大成中学校
⑭城南静岡中学校
⑮静岡北中学校
⑯常葉大学附属常葉中学校
　常葉大学附属橘中学校
　常葉大学附属菊川中学校
⑰藤枝明誠中学校
⑱浜松開誠館中学校
⑲静岡県西遠女子学園中学校
⑳浜松日体中学校
㉑浜松学芸中学校

愛知県

①[国立]愛知教育大学附属名古屋中学校
②愛知淑徳中学校
③名古屋経済大学市邨中学校
　名古屋経済大学高蔵中学校
④金城学院中学校
⑤椙山女学園中学校
⑥東海中学校
⑦南山中学校男子部
⑧南山中学校女子部
⑨聖霊中学校
⑩滝中学校
⑪名古屋中学校
⑫大成中学校
⑬愛知中学校
⑭星城中学校
⑮名古屋葵大学中学校
　(名古屋女子大学中学校)
⑯愛知工業大学名電中学校
⑰海陽中等教育学校(特別給費生)
⑱海陽中等教育学校(I·II)
⑲中部大学春日丘中学校
新刊⑳名古屋国際中学校

三重県

①[国立]三重大学教育学部附属中学校
②暁中学校
③海星中学校
④四日市メリノール学院中学校
⑤高田中学校
⑥セントヨゼフ女子学園中学校
⑦三重中学校
⑧皇學館中学校
⑨鈴鹿中等教育学校
⑩津田学園中学校

滋賀県

①[国立]滋賀大学教育学部附属中学校
②[県立]河瀬中学校
　　　　守山中学校
　　　　水口東中学校

京都府

①[国立]京都教育大学附属桃山中学校
②[府立]洛北高等学校附属中学校
③[府立]園部高等学校附属中学校
④[府立]福知山高等学校附属中学校
⑤[府立]南陽高等学校附属中学校
⑥[市立]西京高等学校附属中学校
⑦同志社中学校
⑧洛星中学校
⑨洛南高等学校附属中学校
⑩立命館中学校
⑪同志社国際中学校
⑫同志社女子中学校(前期日程)
⑬同志社女子中学校(後期日程)

大阪府

①[国立]大阪教育大学附属天王寺中学校
②[国立]大阪教育大学附属平野中学校
③[国立]大阪教育大学附属池田中学校

④[府立]富田林中学校
⑤[府立]咲くやこの花中学校
⑥[府立]水都国際中学校
⑦清風中学校
⑧高槻中学校（A日程）
⑨高槻中学校（B日程）
⑩明星中学校
⑪大阪女学院中学校
⑫大谷中学校
⑬四天王寺中学校
⑭帝塚山学院中学校
⑮大阪国際中学校
⑯大阪桐蔭中学校
⑰開明中学校
⑱関西大学第一中学校
⑲近畿大学附属中学校
⑳金蘭千里中学校
㉑金光八尾中学校
㉒清風南海中学校
㉓帝塚山学院泉ヶ丘中学校
㉔同志社香里中学校
㉕初芝立命館中学校
㉖関西大学中等部
㉗大阪星光学院中学校

兵庫県

①[国立]神戸大学附属中等教育学校
②[県立]兵庫県立大学附属中学校
③雲雀丘学園中学校
④関西学院中学部
⑤神戸女学院中学部
⑥甲陽学院中学校
⑦甲南中学校
⑧甲南女子中学校
⑨灘中学校
⑩親和中学校
⑪神戸海星女子学院中学校
⑫滝川中学校
⑬啓明学院中学校
⑭三田学園中学校
⑮淳心学院中学校
⑯仁川学院中学校
⑰六甲学院中学校
⑱須磨学園中学校(第1回入試)
⑲須磨学園中学校(第2回入試)
⑳須磨学園中学校(第3回入試)
㉑白陵中学校
㉒夙川中学校

奈良県

①[国立]奈良女子大学附属中等教育学校
②[国立]奈良教育大学附属中学校
③[県立]国際中学校
　　　　青翔中学校
④[市立]一条高等学校附属中学校
⑤帝塚山中学校
⑥東大寺学園中学校
⑦奈良学園中学校
⑧西大和学園中学校

和歌山県

①[県立]古佐田丘中学校
　　　　向陽中学校
　　　　桐蔭中学校
　　　　日高高等学校附属中学校
　　　　田辺中学校
②智辯学園和歌山中学校
③近畿大学附属和歌山中学校
④開智中学校

岡山県

①[県立]岡山操山中学校
②[県立]倉敷天城中学校
③[県立]岡山大安寺中等教育学校
④[県立]津山中学校
⑤岡山中学校
⑥清心中学校
⑦岡山白陵中学校
⑧金光学園中学校
⑨就実中学校
⑩岡山理科大学附属中学校
⑪山陽学園中学校

広島県

①[国立]広島大学附属中学校
②[国立]広島大学附属福山中学校
③[県立]広島中学校
④[県立]三次中学校
⑤[県立]広島叡智学園中学校
⑥[市立]広島中等教育学校
⑦[市立]福山中学校
⑧広島学院中学校
⑨広島女学院中学校
⑩修道中学校
⑪崇徳中学校
⑫比治山女子中学校
⑬福山暁の星女子中学校
⑭安田女子中学校
⑮広島なぎさ中学校
⑯広島城北中学校
⑰近畿大学附属広島中学校福山校
⑱盈進中学校
⑲如水館中学校
⑳ノートルダム清心中学校
㉑銀河学院中学校
㉒近畿大学附属広島中学校東広島校
㉓AICJ中学校
㉔広島国際学院中学校
㉕広島修道大学ひろしま協創中学校

山口県

①[県立]下関中等教育学校
　　　　高森みどり中学校
②野田学園中学校

徳島県

①[県立]富岡東中学校
　　　　川島中学校
　　　　城ノ内中等教育学校
②徳島文理中学校

香川県

①大手前丸亀中学校
②香川誠陵中学校

愛媛県

①[県立]今治東中等教育学校
　　　　松山西中等教育学校
②愛光中学校
③済美平成中等教育学校
④新田青雲中等教育学校

高知県

①[県立]安芸中学校
　　　　高知国際中学校
　　　　中村中学校

福岡県

- ①[国立]福岡教育大学附属中学校（福岡・小倉・久留米）
- ②[県立]
  - 育徳館中学校
  - 門司学園中学校
  - 宗像中学校
  - 嘉穂高等学校附属中学校
  - 輝翔館中等教育学校
- ③西南学院中学校
- ④上智福岡中学校
- ⑤福岡女学院中学校
- ⑥福岡雙葉中学校
- ⑦照曜館中学校
- ⑧筑紫女学園中学校
- ⑨敬愛中学校
- ⑩久留米大学附設中学校
- ⑪飯塚日新館中学校
- ⑫明治学園中学校
- ⑬小倉日新館中学校
- ⑭久留米信愛中学校
- ⑮中村学園女子中学校
- ⑯福岡大学附属大濠中学校
- ⑰筑陽学園中学校
- ⑱九州国際大学付属中学校
- ⑲博多女子中学校
- ⑳東福岡自彊館中学校
- ㉑八女学院中学校

佐賀県

- ①[県立]
  - 香楠中学校
  - 致遠館中学校
  - 唐津東中学校
  - 武雄青陵中学校
- ②弘学館中学校
- ③東明館中学校
- ④佐賀清和中学校
- ⑤成穎中学校
- ⑥早稲田佐賀中学校

長崎県

- ①[県立]
  - 長崎東中学校
  - 佐世保北中学校
  - 諫早高等学校附属中学校
- ②青雲中学校
- ③長崎南山中学校
- ④長崎日本大学中学校
- ⑤海星中学校

熊本県

- ①[県立]
  - 玉名高等学校附属中学校
  - 宇土中学校
  - 八代中学校
- ②真和中学校
- ③九州学院中学校
- ④ルーテル学院中学校
- ⑤熊本信愛女学院中学校
- ⑥熊本マリスト学園中学校
- ⑦熊本学園大学付属中学校

大分県

- ①[県立]大分豊府中学校
- ②岩田中学校

宮崎県

- ①[県立]五ヶ瀬中等教育学校
- ②[県立]
  - 宮崎西高等学校附属中学校
  - 都城泉ヶ丘高等学校附属中学校
- ③宮崎日本大学中学校
- ④日向学院中学校
- ⑤宮崎第一中学校

鹿児島県

- ①[県立]楠隼中学校
- ②[市立]鹿児島玉龍中学校
- ③鹿児島修学館中学校
- ④ラ・サール中学校
- ⑤志學館中等部

沖縄県

- ①[県立]
  - 与勝緑が丘中学校
  - 開邦中学校
  - 球陽中学校
  - 名護高等学校附属桜中学校

もっと過去問シリーズ

北海道

北嶺中学校
7年分（算数・理科・社会）

静岡県

静岡大学教育学部附属中学校
（静岡・島田・浜松）
10年分（算数）

愛知県

愛知淑徳中学校
7年分（算数・理科・社会）
東海中学校
7年分（算数・理科・社会）
南山中学校男子部
7年分（算数・理科・社会）
南山中学校女子部
7年分（算数・理科・社会）
滝中学校
7年分（算数・理科・社会）
名古屋中学校
7年分（算数・理科・社会）

岡山県

岡山白陵中学校
7年分（算数・理科）

広島県

広島大学附属中学校
7年分（算数・理科・社会）
広島大学附属福山中学校
7年分（算数・理科・社会）
広島学院中学校
7年分（算数・理科・社会）
広島女学院中学校
7年分（算数・理科・社会）
修道中学校
7年分（算数・理科・社会）
ノートルダム清心中学校
7年分（算数・理科・社会）

愛媛県

愛光中学校
7年分（算数・理科・社会）

福岡県

福岡教育大学附属中学校
（福岡・小倉・久留米）
7年分（算数・理科・社会）
西南学院中学校
7年分（算数・理科・社会）
久留米大学附設中学校
7年分（算数・理科・社会）
福岡大学附属大濠中学校
7年分（算数・理科・社会）

佐賀県

早稲田佐賀中学校
7年分（算数・理科・社会）

長崎県

青雲中学校
7年分（算数・理科・社会）

鹿児島県

ラ・サール中学校
7年分（算数・理科・社会）

※もっと過去問シリーズは
国語の収録はありません。

教英出版

〒422-8054
静岡県静岡市駿河区南安倍3丁目12－28
TEL 054-288-2131
FAX 054-288-2133
詳しくは教英出版で検索
教英出版　検索
URL https://kyoei-syuppan.net/

****

日向学院中学校入学試験問題

****

令和６年度

(A日程)

国　　語

[1月8日　第1時限　9：00　～　9：40]

(40分　100点)

受験上の注意

1　「始め」の合図があるまで、このページ以外のところを見てはいけません。

2　問題は 一 ～ 三 まであります。

3　答えは必ず解答用紙に記入してください。解答用紙はこの冊子《さっし》の間にはさんであります。

4　「始め」の合図があったら、まず解答用紙に受験番号、氏名を記入してください。また、抜けているページがないか、最初に確認《かくにん》してください。抜《ぬ》けているページがあったときは、だまって手をあげてください。

5　印刷がはっきりしなくて読めないときは、だまって手をあげてください。問題内容や答案作成上の質問は認《みと》められません。

6　「やめ」の合図があったら、すぐ鉛筆《えんぴつ》を置き、解答用紙は裏返《うらがえ》しにして机《つくえ》の上に置いてください。

2024(R6) 日向学院中
教英出版

一　次の文章を読んで、後の問いに答えなさい。（作問の都合上、原文の表記を改めた箇所《かしょ》や、中略した箇所があります。）

若者《わかもの》は①キャラという言葉をよく使うが、若者に限らず、だれもが場によって自分の出し方を調整している。

こういう相手には、こんな自分を出し、ああいう相手には、また別の自分を出すというように、その場その場にふさわしい自分を出すように心がける。まじめな自分で行くか、楽しくはしゃぐ自分で行くか、それはその場の雰囲気《ふんいき》や日頃《ひごろ》の人間関係をもとに1ハンダンする。

これが空気を読むということだが、場の空気を読み、それに合わせて自分の出し方を調整するのは、非常に気をつかう作業になる。だが、もし自分のキャラが決まっていれば、それを出せばよいのだからとても楽だ。

もちろん、場によって微妙《びみょう》にキャラが違《ちが》うというのがふつうだ。ゆえに、教室でのキャラ、とくに親しい友だちとの間でのキャラ、近所の友だちの間でのキャラ、塾《じゅく》の仲間の間でのキャラというように、2フクスウのキャラを使い分けるのもよくあることだ。

実際、キャラがあることで集団の中での自分の立ち位置がはっきりするので、自分の出し方に頭を悩《なや》ます必要がないから便利だという声や、自分のキャラをもつことで友だちとのコミュニケーションが取りやすくなるという声もある。

ある学生は、気をつかいすぎて、人づきあいに苦手意識をもっていたが、大学に入ってグループの中でキャラを設定されてから、友だちづきあいが楽になったという。

「僕《ぼく》は、昔から場の空気を読むのが苦手で、こんなことを言ったら浮《う》いちゃうかなと気にしすぎるところがありました。それでなかなかしゃべれず、しゃべったとしても、あんなことを言って大丈夫《だいじょうぶ》だったかな、場違いじゃなかったかなって、あとになってから気に病《や》んだりして、高校時代は気をつかって、すごく疲《つか》れました。でも、大学に入ってからできた仲間の間では、いつの間にかそれぞれのキャラが決まってきて、僕にも自分のキャラができました。その仲間たちといるときは、そのキャラを出していればいい。【　あ　】、以前みたいにどんなふうに自分を出そうかと迷わなくていいから、すごく楽になりました」

自分の出し方をうまく調整する自信のない人物にとっては、キャラは強力な武器となる。とりあえずキャラが決まっていれば、自分が人からどのように見られているか、どのように振《ふ》る舞《ま》うことを期待されているかがはっきりするため、自分の出し方に迷うことがなくなる。【　い　】、②キャラに則《のっと》って行動していれば、うっかり場違いなことを言ったとしても大目に見てもらえるという利点もある。

その一方で、キャラに縛《しば》られ、自由に振る舞えないということが起こってくる。キャラのイメージに沿《そ》った行動を取ることによって仲間から受け入れられる。どんな行動がその場にふさわしいかにいちいち頭を悩ませずにすむ。そういったメリットがあるものの、キャラの拘束《こうそく》力《りょく》はとても強力なため、窮屈《きゅうくつ》な思いをさせられることがある。

【　う　】、優等生《ゆうとうせい》キャラで通っている人も、ときにみんなと同じように思い切り3羽目を外したい気分になることだってある。いつもはもの静かで落ち着いたキャラなのに、大声ではしゃいだり、ふざけたりしたくなることもある。でも、そんなことをしたら、「らしくない」ということで、周囲の仲間たちを驚《おどろ》かせてしまうので、※衝動《しょうどう》にブレーキをかけ、自分のキャラにふさわしく振る舞わなければならない。

キャラには便利な面があると同時に、そうした不自由さがつきまとう。

とくに周囲の反応《はんのう》に過敏《かびん》なタイプは、環境《かんきょう》の変化に弱い。進学したり、新学期になってクラス替《が》えがあったりすると、自分を抑《おさ》えつつ周囲の様子を窺《うかが》うことになる。そのため、周囲からはまじめでおとなしいキャラとみなされやすい。本来、遊び心が豊かで、ノリの良いタイプの場合などは、新たな環境に馴染《なじ》まないうちにつくられたキャラのせいで、悪ふざけができず、ノリの良さを発揮《はっき》することもできずに、非常に窮屈な思いをする。

逆に、周囲に溶《と》け込《こ》もうとして※道化《どうけ》役を演じた場合などは、まじめな自分を出せないきつさがある。いつもみんなを笑わせている人物も、何か悩みごとができ、深刻《しんこく》な気分になることだってある。そんなときも、教室に入ったとたんに、バカな冗談《じょうだん》を4レンパツしてみんなを笑わせる。そんな自分に嫌気《いやけ》がさすこともある。

いつも元気で明るいキャラとみなされてしまうと、内面をほとんど出せなくなる。だれだって※内面を振り返れば、不安があったり、迷いがあったりするものだ。【　え　】、そんな暗い面はおくびにも出せない。無理して明るく振る舞っているうちにそれが自動化し、意識的に無理をしなくても、友だちといるときは元気で明るいキャラになる。そのおかげでみんなで楽しむ場には呼《よ》ばれるが、二人っきりでホンネの話ができる友だちができない。どんなに落ち込むことがあっても、いつも笑顔でおちゃらけて、周囲を笑わせ、場の盛《も》り上げ役を引き受けている。そんな5習性を身につけてしまった自分が悲しいという人もいる。

人づきあいをスムーズにしてくれるはずのキャラに首を絞《し》められる。ここにも自分をうまく出しながら周囲に溶け込むことの難《むずか》しさがある。

（榎本博明《えのもとひろあき》『「対人不安」って何だろう？　友だちづきあいに疲れる心理』
ちくまプリマー新書より）

語注

※衝動・・・目的を意識せず、ただ何らかの行動をしようとする心の動き。

道化役・・・ふざけたり、おどけたりして人を笑わせる人。

おくびにも出せない・・・そのような素振《そぶ》りを見せない。

問1　1～5の漢字はひらがなになおし、カタカナは漢字になおしなさい。

問2　【　あ　】～【　え　】に入る最も適切な言葉をそれぞれ次の中から選んで、記号で答えなさい。（ただし、同じ記号は一度しか使えません。）

ア　だが

イ　さらに

ウ　または

エ　だから

オ　たとえば

問3　――①「キャラ」とありますが、これを説明したものとして最も適切なものを次の中から選んで、記号で答えなさい。

ア　個人が生まれつき持っている性格を表す言葉
イ　集団の中での個人の立ち位置や役割《やくわり》を表す言葉
ウ　独自の性格や特徴《とくちょう》を持つ想像上の人物を表す言葉
エ　物語や漫画《まんが》の主人公にはなれない、その他大勢を表す言葉

問4　――②「キャラに則って行動していれば、うっかり場違いなことを言ったとしても大目に見てもらえるという利点もある」とありますが、その例として正しくないものを次の中から一つ選んで、記号で答えなさい。

ア　「天然キャラ」なら、適当に話を聞いて勝手なことを言っても、「天然キャラだから」と許される。
イ　「辛口《からくち》キャラ」なら、きついことを言っても、「辛口キャラだから」と、とくに目くじら立てられることはない。
ウ　「クールキャラ」なら、ちょっと気取った感じになった場合も、「クールキャラだから」と受け入れてもらえる。
エ　「ぶりっこキャラ」なら、声をいつもより高く上げたり語尾《ごび》を伸《の》ばしたりしても、ぶりっこキャラだから」と逆にほめてもらえる。

問5　本文を読んだ陽子さんは、人づきあいにおいて「キャラを設定する」時と、「キャラを設定しない」時のちがいについて、次のように表にまとめました。また、この表についてクラスメイトと話し合いました。これについて、以下の問いに答えなさい。

【陽子さんの作った表】

	自分の出し方	発言	行動
キャラを設定する	決まったキャラを出せばよく、悩まなくていい。	うっかり場ちがいな発言をしても、大目に見てもらえる。	キャラに沿った行動をとることで、仲間から受け入れられる一方、［　B　］。
キャラを設定しない	［　A　］を読んで調整するのは気をつかう。	あとになってから、さっきの発言は場違いじゃなかったかな、と気に病むことがある。	自分の衝動をがまんする必要はないが、常に人が自分をどんなふうに見ているかを考えて行動する必要がある。

【陽子さんとクラスメイトとの会話】

友希さん　こうやって表に整理してみると、「キャラを設定する」にも「キャラを設定しない」にも、Cいい面と悪い面の両方があることがよくわかるね。

陽子さん　そうね。どちらにしても、人づきあいは大変なんだなって少しこわくなったわ。

直美さん　そういえば、陽子さんは「ちがい」についてまとめているけど、「共通点」については考えてみた？

陽子さん　共通点については考えてなかったな。

直美さん　たしかに、どちらにしても人づきあいは大変なんだけど、自分の出し方や発言、行動に気をつかうのは、「　D　」とも言えるんじゃないかなって思うんだ。相手のことを大事に思っているからこそ気をつかう、みたいな。

友希さん　そっか。他の人も同じように感じているのかもしれないよね。おたがいに大事に思っているからこそ気をつかっている、と考えれば人づきあいもあまりこわがらなくてもいいのかもしれないね。

1　A に入れるのに最も適切な言葉を、本文中から四字でぬき出して答えなさい。

2　B を、「らしくない」という言葉を必ず使って、三十五字以内で書きなさい。

3　C について、同じような意味の四《よ》字《じ》熟語《じゅくご》を次の中から一つ選んで、記号で答えなさい。

ア　一進一退《いっしんいったい》
イ　一朝一夕《いっちょういっせき》
ウ　一長一短《いっちょういったん》
エ　一喜一憂《いっきいちゆう》

4　D に入れるのに最も適切な言葉を次の中から選んで、記号で答えなさい。

ア　周りの目を気にしないようにしている
イ　より良い自分になりたいと思っている
ウ　他者よりも自分自身を大切にしている
エ　つねに相手との関係性を意識している

二　次の文章を読んで、後の問いに答えなさい。（作問の都合上、原文の表記を改めた箇所《かしょ》や、中略した箇所があります。）

「私《わたし》」には、五歳《ごさい》の弟がいる。弟は、四歳のころから「ノート」に色々なことを書きつづっている。

サーカスのチケットをくれたのは、郵便局《ゆうびんきょく》のおばさんだった。親戚《しんせき》からまわってきたんだけれど、どうにも日程が合わなくて、よかったらお宅《たく》で使ってくださいな。①チケットは四枚《よんまい》。母さんは、私ひと混みが苦手だし風邪《かぜ》ぎみだから、と気弱そうに笑った。それに、今週じゅうに仕上げたい作品がまだ手つかずなのよ、と。私はちょっぴり1ザンネンだったけど、はじめてみるほんもののサーカスに胸《むね》を躍《おど》らせてもいた。それに、なんたってお出かけ。オシャレができる。②私、たしかに、そのころは学校のどの男のこにも※ケンカで負けたことなかった。でも、それでも、一年に二回ほどしか出してもらえない真っ黒ビロードのワンピースに袖《そで》を通せると思うと、爪先立《つまさきだ》ちでくるくるまわりたくなっちゃうんだった。

弟は泣いてイヤがった。2コウエンの当日になっても、ぜったい行かない、行きたくない、と柱につかまりわんわん騒《さわ》いだ。

これは、おばあちゃんのせい。

小学校に上がる前から、弟は数限りないいたずらをおばあちゃんにしかけた。どれもアイデアたっぷりで、私、いちいち感心したんだけど、おばあちゃんにしてみれば、弟が小鬼《こおに》にみえていただろう。心臓《しんぞう》が丈夫《じょうぶ》でなけりゃ、五回は死んじゃってたと思う。ある朝、寝顔《ねがお》に※踊《おど》り子《こ》みたいな化粧《けしょう》を施《ほどこ》されたおばあちゃんは、鏡をみるなり、朝ごはんとちゅうの弟を戸棚《とだな》にほう

りこんだ。五歳《ごさい》の弟はかいている。

「おばあちゃんはひどい。ぼくのくびねっこをつかんで戸だなにおしこんで、だしてくれたときにはおもてはとっくにくらくなってた」

これはちがう。たしか十分ほどでおばあちゃんは戸を開けたんだ。そしてぼろぼろにはげ落ちた化粧のまま、地獄《じごく》の池からよみがえったような顔つきで、おそろしげにこういったんだった。

「お前、今度あたしにくだらないことしかけてごらん。どうなるかわかるね」

「どうなるのかなあ」

弟は涙《なみだ》をあわてて拭《ぬぐ》った。あきらかに③虚勢張《きょせいは》って、私には、本気でおばあちゃんの顔におびえているのがわかった。

「今度こんなことしたらね」

おばあちゃんは腰《こし》をかがめ、顔を弟に【　あ　】突《つ》きつけ、

「お前にお酢《す》飲ませて、カラダをぐにゃんぐにゃんにして、サーカスにたたき売るんだよっ！」

私と母さん、父さんは【　い　】笑ったんだけど、弟は真《ま》っ青《さお》な表情のまま凍《こお》りついてた。

④朝ごはんには手をつけず、夜にはテーブルについたおばあちゃんをじろじろ眺《なが》めながら、お皿の料理をいつまでも突っついていた。

この日からしばらくノートには、サーカスについてのこむずかしい文章がしょっちゅうでてくる。

「サーカスは、この世のはてにたっている。テントときいろいあかり、ざわざわしたひとごみ。

よるのえきみたいだ。サーカスはあっちがわにつれていかれるターミナルえきみたいなものなんだ」
「この世とあっちがわとのあいだでゆらゆらとゆれている、くうちゅうぶらんこ、それこそがサーカスのしんずい。いろんなものがぶらんこにのせられてぐにゃぐにゃになっていく。それがくうちゅうぶらんこの、ほんとうのげんりなのに、ぼくには、ちくしょう、うまくかけやしない」
　私にはなんだかよくわかんない。
　もちろん売り飛ばされるなんて本気で考えちゃいなかったろう、けれどノートによれば弟は、あのこなりの考えから、どうやらサーカスを真剣《しんけん》にこわがってたみたい。だからこそ弟はあんなにも必死になって、小さな指を柱にかけ、父さんが引っ張ってても私がくすぐってもその場を動こうとしなかったんだろう。
　おばあちゃんが弟に近づいてった。オシャレしてる。オシャレしたおばあちゃんはうちのひとじゃないみたい。どこか遠い寒い国のお金持ちみたいで、真っ黒い羽がついたコートを着て、そんなおばあちゃんは、ちょうど戸棚の前でそうやったみたいに腰を[3]オって弟に顔を寄せた。この日のお化粧は完璧《かんぺき》だった。
「売りやしないよ」
　とおばあちゃんはいった。
「おまえみたいないいこ、どこに売ったりするもんか」
　涙ぐんだまま弟は首を振《ふ》った。おばあちゃんは眉《まゆ》を寄せ、申《もう》し訳《わけ》なさそうに弟の髪《かみ》をなでた。弟のほうでも、申し訳ない、なんてふうにがっくりうなだれちゃって、それをみているうちおばあちゃんは【　う　】手を止め、そうそう、そうだった、とうなずいたんだった。

「お前、今度のサーカスにはね、ライオンがいるよ」

「ライオン？」

弟は目を上げた。

「しまうまもいるそうだよ。くまがラッパふいたり、自転車に乗るんだそうだよ」

おばあちゃんはわざとらしげに【　え　】目をつむってみせた。

「自転車に？　くまが？」

弟はもう私たちに向きなおっていた。4ムゴンの問いかけに父さんは目線でこたえた。ああ、ほんとうだよ、おばあちゃんのいうとおりだ。私だってこたえてやった。ほんとすごいのよ、くまが5逆立ちして前脚《まえあし》でペダルをこぐの、うしろ脚はものすごいいきおいでばちばち拍手《はくしゅ》しながらね。

⑤弟の唇《くちびる》がきっと結ばれた。五歳のくせに、まるでなにか決断したみたいな表情だった。すっくと立ち上がって部屋にはいり、五分後、着《き》替《が》えてでてきた格好は、遠い国のお坊《ぼっ》ちゃんそのもので、おばあちゃんと並《なら》んで歩くと通行人がいったいなにごとかとふりかえってみてたくらいだ。

（いしいしんじ『ぶらんこ乗り』新潮文庫刊より）

語注

※ビロード・・・なめらかで光沢《こうたく》のある織物。

踊り子・・・踊りを職業とする女性。ダンサー。華《はな》やかな衣装《いしょう》に合わせて、厚化粧《あつげしょう》をすることが多い。

問1　〰〰〰1～5の漢字はひらがなになおし、カタカナは漢字になおしなさい。

問2　【　あ　】～【　え　】に入る最も適切な言葉をそれぞれ次の中から選んで、記号で答えなさい。（ただし、同じ記号は一度しか使えません。）

ア　はっと
イ　ぐいと
ウ　じっと
エ　けらけらと
オ　うっとりと

問3　――――①「チケットは四枚」とありますが、この後、どのように配分されたと考えられますか。最も適切なものを次の中から選んで、記号で答えなさい。

ア　私、弟、父さん、おばあちゃん
イ　私、弟、父さん、母さん
ウ　私、弟、母さん、おばあちゃん
エ　私、父さん、母さん、おばあちゃん

問4　――②「私、たしかに、そのころは学校のどの男のこにもケンカで負けたことなかった」とありますが、この一文にはどのような効果がありますか。最も適切なものを次の中から選んで、記号で答えなさい。

ア　いつもはオシャレに関心が高いことを強調する効果。
イ　いつもはサーカスのような曲芸に興味がないことを強調する効果。
ウ　いつもはオシャレとは縁《えん》遠い男勝りな性格であることを強調する効果。
エ　いつもはあまりかわいい洋服を着せてもらっていないことを強調する効果。

問5　――③「虚勢張って」とありますが、ここから弟のどのような様子が分かりますか。最も適切なものを次の中から選んで、記号で答えなさい。

ア　強がっている
イ　反抗《はんこう》している
ウ　あせっている
エ　混乱《こんらん》している

問6 ――④「朝ごはんには手をつけず、夜にはテーブルについたおばあちゃんをじろじろ眺めながら、お皿の料理をいつまでも突っついていた」とありますが、それはなぜだと考えられますか。最も適切なものを次の中から選んで、記号で答えなさい。

ア みんなが自分を馬鹿にして笑ったことに深く傷《きず》つき、食欲《しょくよく》を失ってしまったから。

イ おばあちゃんの話を真に受けて、料理にお酢が入っているのではないかと警戒《けいかい》しているから。

ウ 弟のいたずらに本気で怒《おこ》ったおばあちゃんが、弟のきらいな食べ物ばかりを食卓《しょくたく》に並べたから。

エ いたずらをしたことを後悔《こうかい》し、食事を抜《ぬ》くことで少しでも謝罪の気持ちを表そうと思ったから。

問7 ――⑤「弟の唇がきっと結ばれた」とありますが、ここから「弟」のどのような気持ちが分かりますか。二十字以内で説明しなさい。

問8　次に示すのは、本文に出てくる「ノート」について、先生と健太さんが話し合ったものです。［Ⅰ］・［Ⅱ］はそれぞれ五字以内で本文中からぬき出し、［Ⅲ］は適切な言葉を漢字一字で答えなさい。

先生　とちゅうで「ノート」という、サーカスについて弟が書いた文章が二つ出てくるね。何か気づいたことはあるかな。

健太さん　ほとんどひらがなで書かれています。でも、内容は難《むずか》しくてよく分かりません。

先生　どちらにも共通して使われている言葉に注目してごらん。

健太さん　共通して使われているのは、「サーカス」と「［Ⅰ］」と「［Ⅱ］」という言葉です。

先生　そうだね。「［Ⅰ］」と「［Ⅱ］」に注目すると、弟のサーカスに対する考え方が分かるんじゃないかな。

健太さん　その二つの言葉に注目すると……、弟はサーカスに行くことは「［Ⅲ］」を意味すると考えたんじゃないでしょうか。だから、すごくこわがっていたんだと思います。

先生　いいね。「ノート」をていねいに読むと、弟の気持ちがよく分かるね。

****

日向学院中学校入学試験問題

****

令和６年度

(A日程)

理　科

［ 1月8日　第2時限　9：55　～　10：25 ］

(30分　50点)

受験上の注意

1　「始め」の合図があるまで、このページ以外のところを見てはいけません。

2　問題は 1 ～ 4 まであります。

3　答えは必ず解答用紙に記入してください。解答用紙はこの冊子《さっし》の間にはさんであります。

4　「始め」の合図があったら、まず解答用紙に受験番号、氏名を記入してください。また、抜けているページがないか、最初に確認《かくにん》してください。抜《ぬ》けているページがあったときは、だまって手をあげてください。

5　印刷がはっきりしなくて読めないときは、だまって手をあげてください。問題内容や答案作成上の質問は認《みと》められません。

6　「やめ」の合図があったら、すぐ鉛筆《えんぴつ》を置き、解答用紙は裏返《うらがえ》しにして机《つくえ》の上に置いてください。

---

1 ヒトの体のつくりと運動について，次の各問いに答えなさい。

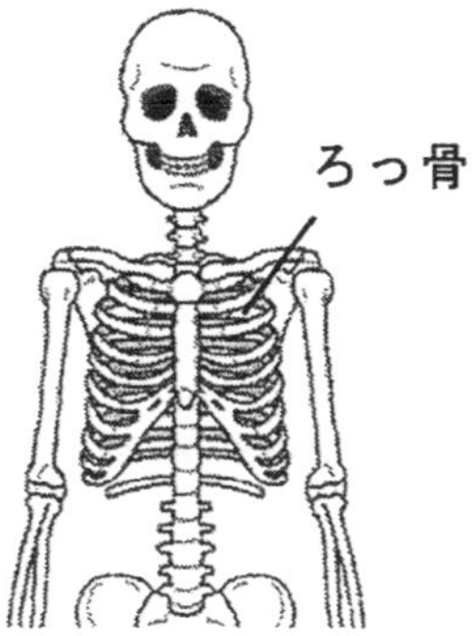

図１

問１　私《わたし》たちの体には，体をささえたり，体の大切な部分を守ったりする骨《ほね》があります。**図１**の胸《むね》の骨を「ろっ骨《こつ》」といいます。このろっ骨は呼吸《こきゅう》をするためのある臓《ぞう》器を守っています。その臓器とは何ですか。

問２　体の中には，曲げられるところがたくさんあり，それらはどこも骨のつなぎ目です。このつなぎ目を何といいますか。

問３　力をいれたとき，筋《きん》肉はゆるみますか，縮《ちぢ》みますか。

問４　うでが動くとき，内側の筋肉と外側の筋肉がゆるんだり，縮んだりすることでうでは曲がります。**図２**のようにうでを曲げた状態からのばすとき，内側の筋肉と外側の筋肉はどうなっていますか。次の**ア**～**エ**から正しいものを１つ選び，記号で答えなさい。

ア　内側の筋肉が縮んで，外側の筋肉がゆるむ。
イ　内側の筋肉も外側の筋肉も縮む。
ウ　内側の筋肉がゆるんで，外側の筋肉が縮む。
エ　内側の筋肉も外側の筋肉もゆるむ。

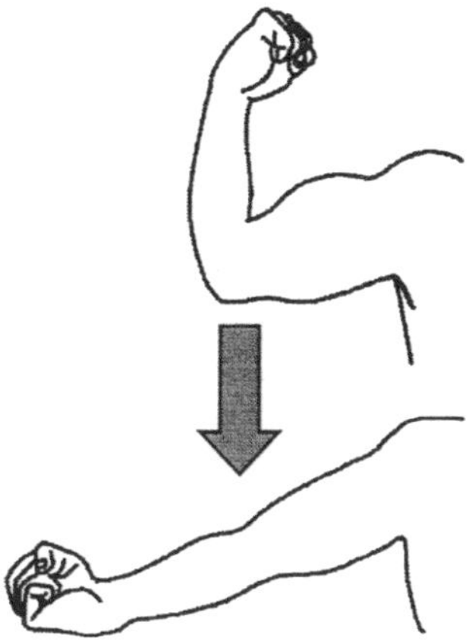
図２

問５　うでが動くのは骨のまわりに筋肉がついているからです。うでを曲げたりのばしたりするために，**図３**に示された筋肉のはし（○で見えなくなっているところ）は，**図４**の a，b のどちらの骨についていますか。記号で答えなさい。

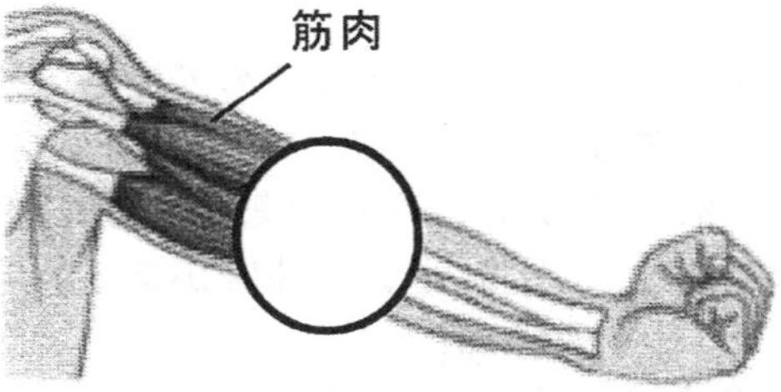

図３

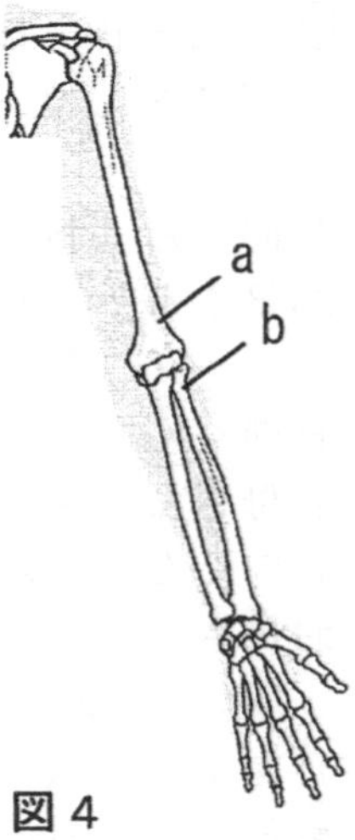

図４

問６　ヒトの骨のつくり（**図５**）とカメの骨のつくり（**図６**）を比べると，似ているところが多くあります。ヒトの骨ばんと同じ骨にあたるものはカメの骨ではどこだと考えられますか。**図６**の a～d から最も適当なものを１つ選び，記号で答えなさい。

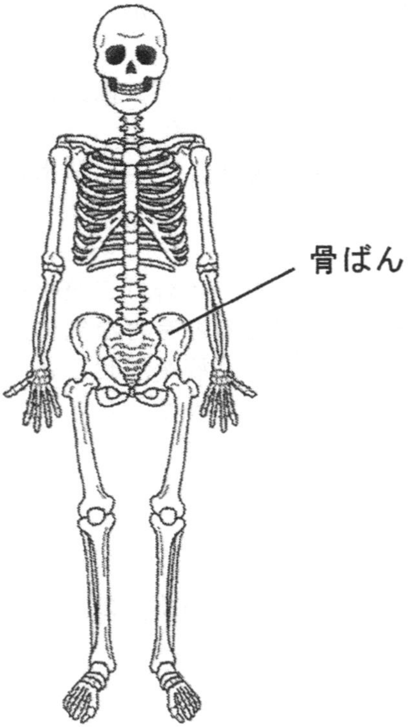

図５

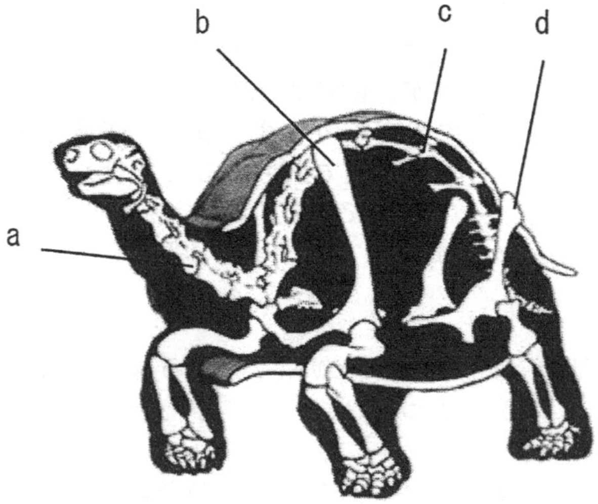

図６

2　ある日，日向君は台所の掃除《そうじ》をしているお母さんのようすを見てあることに気付きました。そのときの会話文を読み，次の各問いに答えなさい。

日向くん：お母さん，この白い粉は何ですか？
お母さん：これはクエン酸と重そうといって，それぞれ A 水よう液にしてよごれを落とすときに使います。
日向くん：重そうは理科で勉強しましたが，クエン酸は初めて聞きました。
お母さん：クエン酸を水にとかすと，B 酸性の水よう液になります。
日向くん：C 塩酸や炭酸水も，酸性の水よう液だと理科で勉強しました。
お母さん：酸性の水よう液には水あかのよごれをとかす性質があるから，掃除に使えます。
日向くん：重そうはどんなよごれを落とすことができるのですか？
お母さん：重そうは油よごれを落とすことができます。スポンジに水をふくませ，重そうの粉をふりかけて使います。
日向くん：まだ重そうがとけ残っているようです。
お母さん：D 重そうは水にとけにくいから，とけきれなかった重そうが残っています。重そうの水よう液にはよごれをとかす性質があります。そして，とけ残った重そうの粉といっしょにスポンジでこするとこびりついたよごれを落としやすくなります。
日向くん：それなら，クエン酸も同じように使ったらよごれがよく落ちますか？
お母さん：E 濃《こ》いクエン酸水よう液だと傷《きず》ついてしまうものがあるから，クエン酸はあまり多く入れない方がいいですね。
日向くん：お母さんは，クエン酸と重そうを別々に使っていますが，両方混ぜると全部のよごれを落とすことができるのではないですか？
お母さん：そうしない理由は２つあります。重そう水よう液と，クエン酸水よう液を混ぜてみるとこうなります。
日向くん：あわが出てきた！
お母さん：このあわは F 二酸化炭素です。重そうとクエン酸の場合は二酸化炭素ですが，酸性の洗《せん》ざいとアルカリ性の洗ざいを混ぜると有害な気体が出ることがあります。また，酸性とアルカリ性の水よう液を混ぜるとそれぞれの性質を打ち消し合うはたらきがあるのです。このはたらきは中学校で勉強できますね。
日向くん：そうなんだ。水よう液にはいろいろな性質があるのですね。

問１　下線部 **A** について，水よう液の性質の説明として**誤《あやま》っているもの**を次の**ア**～**エ**から１つ選び，記号で答えなさい。

ア　色がついているものがある。
イ　ものが均一に広がっている。
ウ　すき通っている。
エ　時間がたつと，とけたものが水と分かれる。

問２　下線部Ｂについて，酸性の水よう液をリトマス紙につけたときのようすとして正しいものを次の**ア〜エ**から１つ選び，記号で答えなさい。

	赤色リトマス紙	青色リトマス紙
ア	赤色のまま	青色のまま
イ	青色になる	青色のまま
ウ	赤色のまま	赤色になる
エ	青色になる	赤色になる

問３　下線部Ｃについて，塩酸は何を水にとかした水よう液ですか。水にとけている気体の名前を答えなさい。

問４　下線部Ｄについて，水にものをとかして水よう液をつくるとき，ものがとける量の説明として正しいものを次の**ア〜エ**から１つ選び，記号で答えなさい。

ア　かき混ぜる回数を２倍にすると，とける量も２倍になる。
イ　かき混ぜる時間を２倍にすると，とける量も２倍になる。
ウ　温度を２倍にすると，とける量も２倍になる。
エ　水の量を２倍にすると，とける量も２倍になる。

問５　下線部Ｅについて，濃いクエン酸水よう液で**洗《あら》わない方がよいもの**として，最も適当なものを次の**ア〜エ**から１つ選び，記号で答えなさい。

ア　鉄のフライパン
イ　ガラスのコップ
ウ　プラスチックの皿
エ　木のはし

問６　下線部Ｆについて，発生した気体が二酸化炭素であることを確認《かくにん》するための方法はいくつかあります。そのうちの１つの方法と結果を説明した文になるように，下の（　　）に適当なことばを答えなさい。

二酸化炭素を集めた試験管に（　　　　　）を入れると，（　　　　　）。

3　右の**図１**は大きな川の中流域《いき》のようすを表しています。これについて，次の各問いに答えなさい。

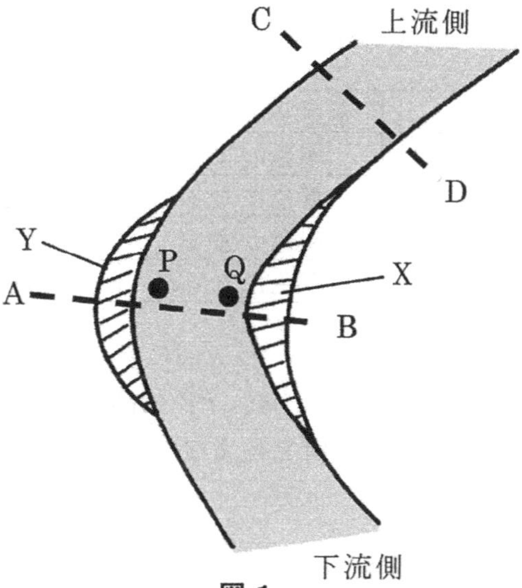

図１

問１　P点とQ点も，水の流れる速さについて正しく述べたものを，次の**ア**～**ウ**から１つ選び，記号で答えなさい。

ア　P点のほうが速い。
イ　Q点のほうが速い。
ウ　同じ速さである。

問２　Q点にはどのようなものが積もっていると考えられますか。次の**ア**～**エ**から適当なものを**すべて選び**，記号で答えなさい。

ア　角ばったごつごつした石
イ　砂《すな》
ウ　３m以上の大きな石
エ　丸みのある石

問３　問２のようなものが積もるのは，流れる水が積もらせるはたらきをしているからです。この流れる水が問２のようなものを積もらせるはたらきを何といいますか。

問４　川岸のX，Yは，どのような地形になっていますか。正しいものを次の**ア**～**ウ**から１つ選び，記号で答えなさい。

ア　X，Yともがけ。
イ　Xはがけ，Yは小石でできた川原。
ウ　Xは小石でできた川原，Yはがけ。

問5　AB 間と CD 間をそれぞれ切って見たとき，下流側から見た川底はどのようになっていると考えられますか。それぞれ最も適当なものを次の**ア**～**エ**から１つずつ選び，記号で答えなさい。

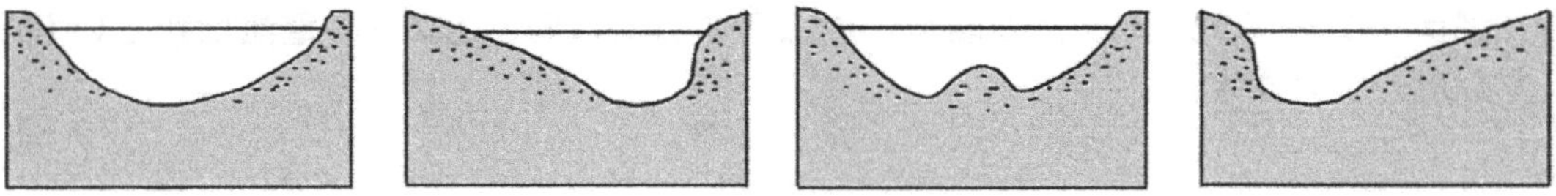

ア　**イ**　**ウ**　**エ**

問6　下の**図２**はある川を表しています。①～③のうち，家を建てると川の流れによる災害が起こる可能性があり，最も危険《きけん》だと考えられる場所はどこですか。**図２**中の①～③から１つ選び，番号で答えなさい。

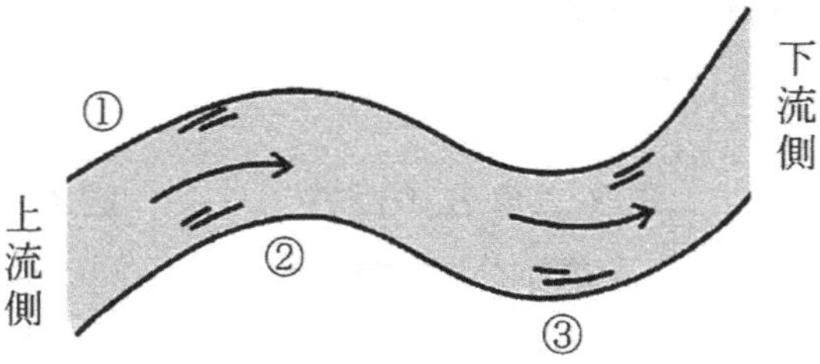

図２

4 **図1**のようなプロペラで動く車を3台つくり，それぞれの車に**図2**～**図4**の回路をのせて車A～車Cとしました。そして車A～Cをスタート地点から1mはなれたゴール地点に向かって走らせたときにかかった時間を調べました。下の表は，その結果をまとめたものです。これについて，次の各問いに答えなさい。ただし，プロペラやプラスチックの段《だん》ボールなどの材料は同じものを，電池は新しいものを用いています。

図1

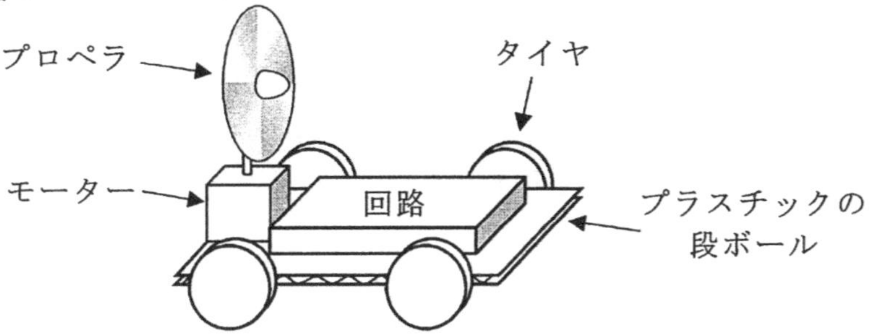

図2　車Aの回路

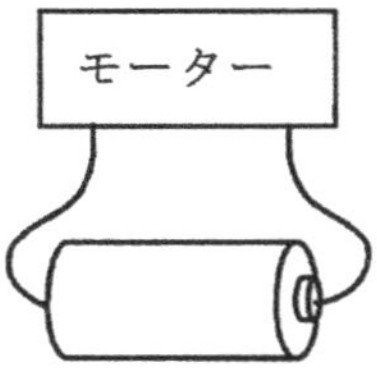

図3　車Bの回路

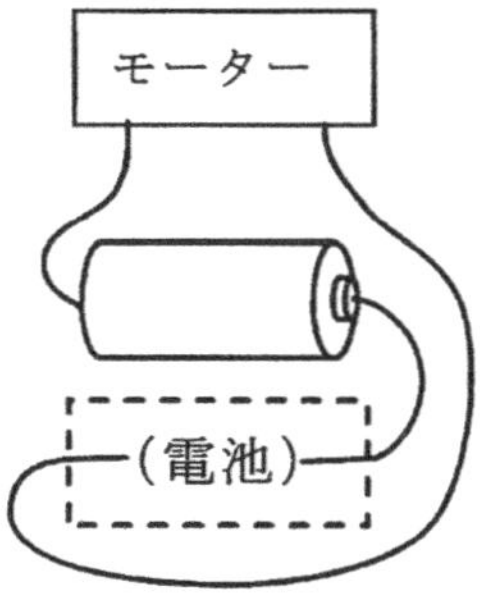

図4　車Cの回路

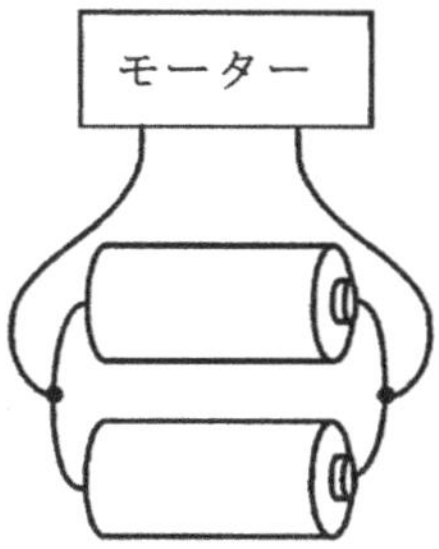

	かかった時間[秒]				
	1回目	2回目	3回目	4回目	5回目
車A	8．8	8．3	8．5	8．9	9．1
車B	4．6	4．5	5．3	5．4	5．2
車C	9．5	9．6	9．5	9．3	9．8

問１　**図２**〜**図４**の回路を使ってモーターを回したとき，モーターが回る速さが同じになる回路の図は，どれとどれですか。正しいものを次の**ア**〜**ウ**から１つ選び，記号で答えなさい。

ア　**図２**と**図３**　　**イ**　**図２**と**図４**　　**ウ**　**図３**と**図４**

問２　**図３**の［　　　］に当てはまる電池の電気用図記号を，＋極と－極の向きもふくめ，正しくかきなさい。

問３　**図２**の電池の向きを逆向きにして実験すると，車Ａの動きと比べてどのような結果が予想されますか。最も適当なものを次の**ア**〜**エ**から１つ選び，記号で答えなさい。

ア　車がゴール地点とは逆向きに走り始める。
イ　車が動かない。
ウ　ゴールに向かって車Ａより速く進む。
エ　ゴールに向かって少しだけ進んだ後，だんだんおそくなりやがて止まる。

問４　**図４**のような電池のつなぎ方を何といいますか。

問５　車Ｂが１ｍ走るためにかかった時間を平均すると何秒ですか。

問６　車Ｂの速さを平均すると秒速何 cm ですか。

問７　車Ｃの速さが車Ａよりおそくなった理由を説明しなさい。

日向学院中学校入学試験問題

令和6年度

(A日程)

社　会

[　1月8日　第3時限　10：40　～　11：10　]

(30分　50点)

受験上の注意

1　「始め」の合図があるまで、このページ以外のところを見てはいけません。

2　問題は [1] ～ [3] まであります。

3　答えは必ず解答用紙に記入してください。解答用紙はこの冊子《さっし》の間にはさんであります。

4　「始め」の合図があったら、まず解答用紙に受験番号、氏名を記入してください。また、抜けているページがないか、最初に確認《かくにん》してください。抜《ぬ》けているページがあったときは、だまって手をあげてください。

5　印刷がはっきりしなくて読めないときは、だまって手をあげてください。問題内容や答案作成上の質問は認《みと》められません。

6　「やめ」の合図があったら、すぐ鉛筆《えんぴつ》を置き、解答用紙は裏返《うらがえ》しにして机《つくえ》の上に置いてください。

1　次の会話を読んで、あとの問いに答えなさい。

なおき：あけましておめでとう。冬休みも終わり、いよいよ小学校生活も残りわずかになったね。

かずま：あけましておめでとう。本当に毎日があっという間だよ。ちなみに冬休みはどう過ごしていたの？

はやと：ぼくは「2023 年のニュースをまとめよう」という冬休み課題に苦戦していたよ。

なおき：たしかに大変だったよね。ちなみに 2 人はどんなニュースをまとめたの？

かずま：ぼくは国連人口基金《こくれんじんこうききん》の「世界人口白書《せかいじんこうはくしょ》2023」によって発表された、世界人口ランキングの変化に注目したよ。

はやと：そのニュースはぼくも見たよ。発表されたデータによると世界人口が 80 億人を突破し、人口ランキングも 1 位が中国から［　　　　　］になったみたいだね。

ちなみにぼくは、2023 年 3 月に開催《かいさい》された「※1ＷＢＣでの世界一」、5 月に開催された「※2①Ｇ7 広島サミット」、8 月に発表された「②日本の食料自給率 38％」、9 月に開催された「③男子バスケットボールの※3Ｗ杯」、9 月に行われた「④福島原発の処理水放出《しょりすいほうしゅつ》」の 5 つのニュースに注目してみたよ。

2024(R6) 日向学院中
教英出版

かずま：なるほど。ＷＢＣでは⑤いろいろな都道府県出身の選手が活躍していたね。日本中に感動を与えてくれたよね。

なおき：スポーツから元気をもらうことができた１年でもあったね。また、ぼくたちの地元宮崎県でも４月に「G7 宮崎農業大臣会合」が開催されたよね。高校生が各国の農業大臣の前で提言をしたり、G7 加盟国の高校生と⑥オンラインで交流したりと多くのイベントが開催されたみたいだよ。

かずま：なんかすごいね。ぼくたちも中学生になったらいろいろなことに挑戦してみたいな。

※１　ワールドベースボールクラシック（4 年に１度開催される野球の世界一決定戦）

※２　カナダ・フランス・ドイツ・イタリア・イギリス・アメリカ・日本の７ヵ国

※３　ワールドカップ（4 年に１度開催される）

問１　会話文中の［　　　　］に入る国名を答えなさい。

問２　下線部①に関連して、あとの問いに答えなさい。

（１）　「G7 広島サミット」が開催された広島県は中国・四国地方に属しています。中国・四国地方に属する県のうち、島根県と愛媛県の県庁所在地を答えなさい。

（２）　下のグラフは、新潟県新潟市、静岡県静岡市、沖縄県那覇市、香川県高松市における月別平均気温と降水量を示したものです。香川県高松市にあたるものを下のア～エから１つ選び、記号で答えなさい。

ア

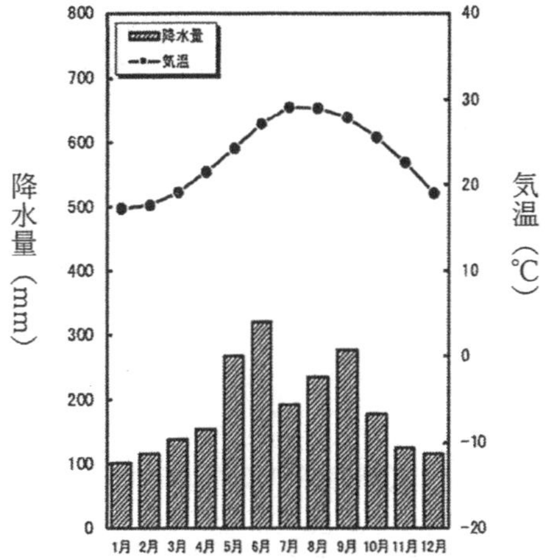

イ

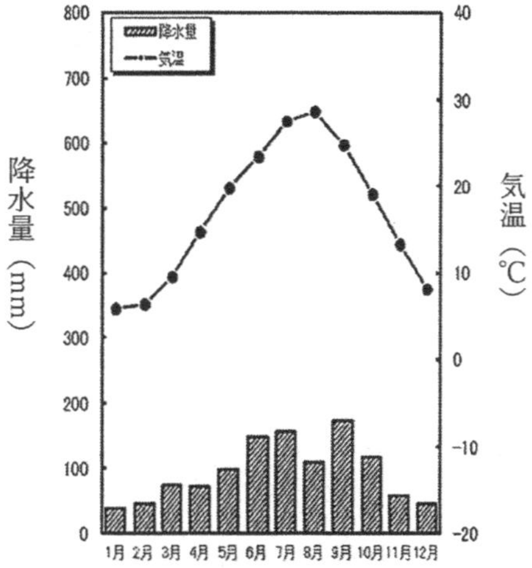

ウ

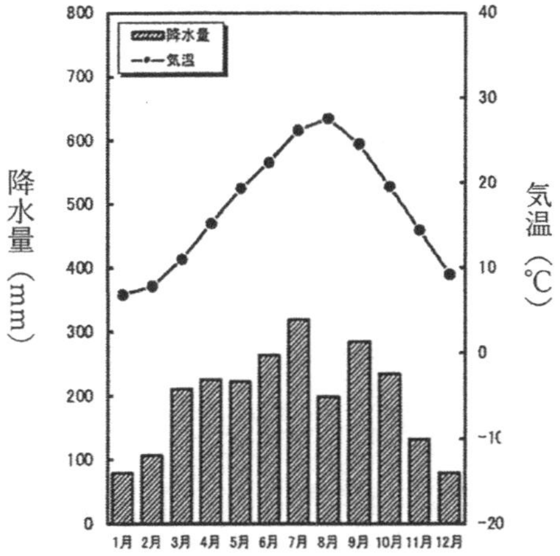

エ

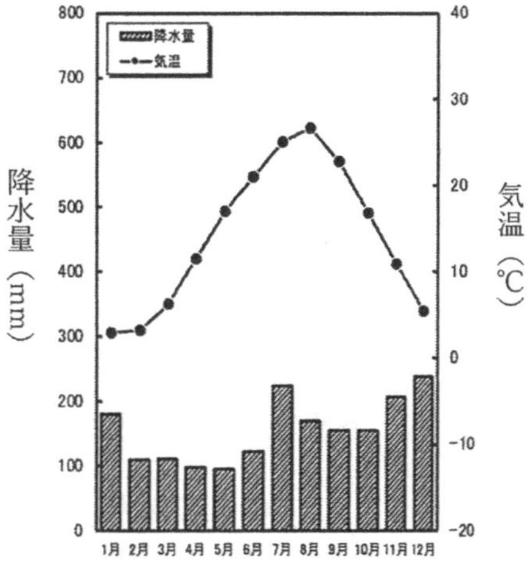

（気象庁ホームページより作成）

問３　下線部②に関連して、下のグラフは米・小麦・だいず・野菜・くだもの・魚かい類・肉類の食料自給率のうつり変わりを表したものです。下のグラフについて述べた文ア～エについて正しいものを１つ選びなさい。

日本の主な食料自給率のうつり変わり

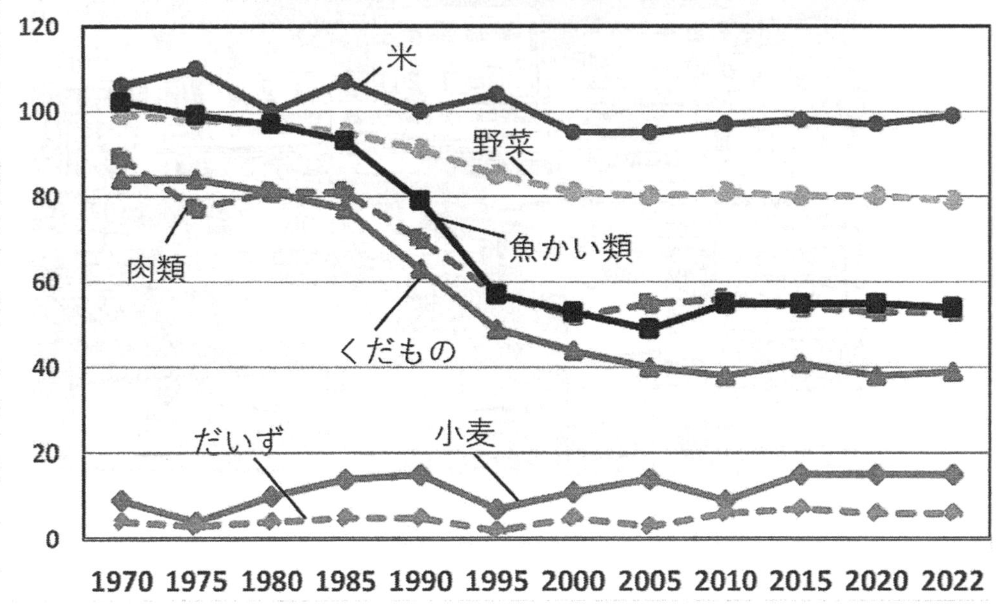

（令和４年度食料需給表より作成）

ア．米の自給率は常に100％を超えており、海外から輸入はしていない。

イ．魚かい類の自給率は年々低下しており、2022年には過去最低である。

ウ．1970年と2022年の自給率を比べると、全ての品目で低下している。

エ．2022年のくだものの自給率は1970年の自給率の半分以下である。

問４　下線部③に関して、バスケットボールのW杯は沖縄県で開催されました。沖縄県では写真のようなコンクリートづくりの家が多く見られます。なぜコンクリートづくりの家が多いのか、かんたんに説明しなさい。

問５　下線部④のようなことが起きないために現在は再生可能エネルギーによる発電が進められています。再生可能エネルギーによる発電方法を１つ答えなさい。

問６　下線部⑤に関連して、あとの問いに答えなさい。

（１）　下の表は野菜やくだものの生産量上位５都道府県、家畜《かちく》の飼養《しよう》頭数（羽数）上位５都道府県の表です。表中の①～④にあてはまる都道府県を８ページのア～エからそれぞれ１つ選び、記号で答えなさい。

	ピーマン			キャベツ			きゅうり		
	都道府県	t	%	都道府県	t	%	都道府県	t	%
1位	茨城	33,400	22.5	③	292,000	19.7	①	63,700	11.6
2位	①	26,800	18.0	愛知	267,200	18.0	③	53,900	9.8
3位	②	13,300	9.0	千葉	119,900	8.1	埼玉	45,500	8.3
4位	高知	13,000	8.8	茨城	109,400	7.4	福島	39,300	7.1
5位	岩手	8,820	5.9	④	72,500	4.9	千葉	31,200	5.7

	りんご			ぶどう			もも		
	都道府県	t	%	都道府県	t	%	都道府県	t	%
1位	青森	415,700	62.8	山梨	40,600	24.6	山梨	34,600	32.2
2位	④	110,300	16.7	④	28,800	17.4	福島	24,300	22.6
3位	岩手	42,400	6.4	岡山	15,100	9.1	④	10,600	9.9
4位	山形	32,300	4.9	山形	14,600	8.8	山形	8,880	8.3
5位	福島	18,600	2.8	福岡	6,910	4.2	和歌山	7,310	6.8

	肉用牛			豚《ぶた》			ブロイラー（鶏《にわとり》）		
	都道府県	万頭	%	都道府県	万頭	%	都道府県	万羽	%
1位	北海道	55.3	21.2	②	119.9	13.4	②	2809	20.2
2位	②	33.8	12.9	①	76.4	8.5	①	2760	19.8
3位	①	25.5	9.7	北海道	72.8	8.1	岩手	2110	15.2
4位	熊本	13.4	5.1	③	60.5	6.8	青森	806	5.8
5位	岩手	8.9	3.4	千葉	58.5	6.5	北海道	518	3.7

（農林水産省ホームページ（2021年）より作成）

ア．群馬県

イ．宮崎県

ウ．長野県

エ．鹿児島県

（２）　次のグラフは、京浜工業地帯、中京工業地帯、北九州工業地帯（地域）、京葉工業地域における工業出荷額の総額と割合を示したものです。そのうち、京葉工業地域のものをグラフ中のア～エから１つ選び、記号で答えなさい。

ア

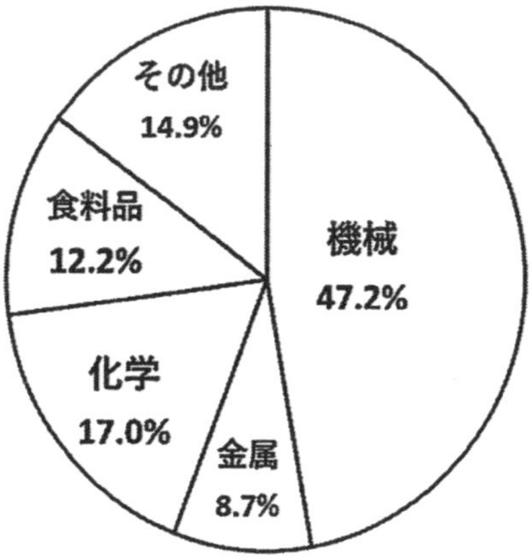

工業出荷額:23 兆 1190 億円

イ

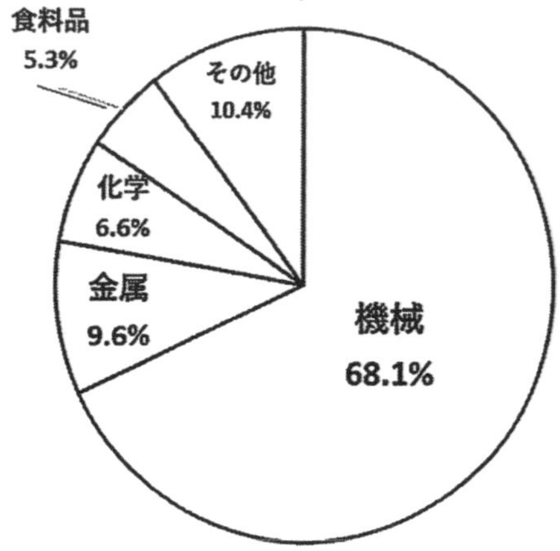

工業出荷額:54 兆 6299 億円

ウ

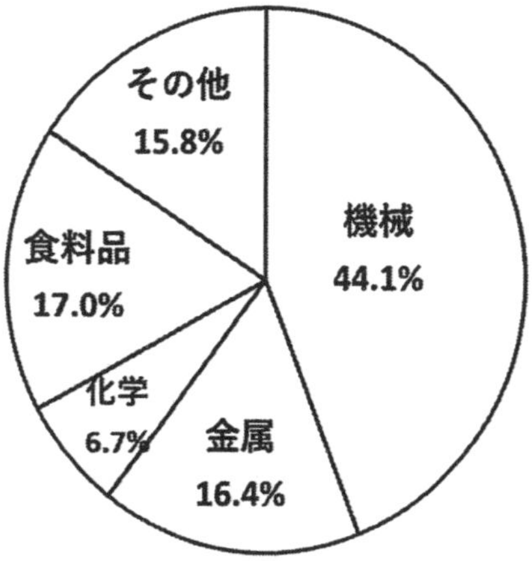

工業出荷額:8 兆 9950 億円

エ

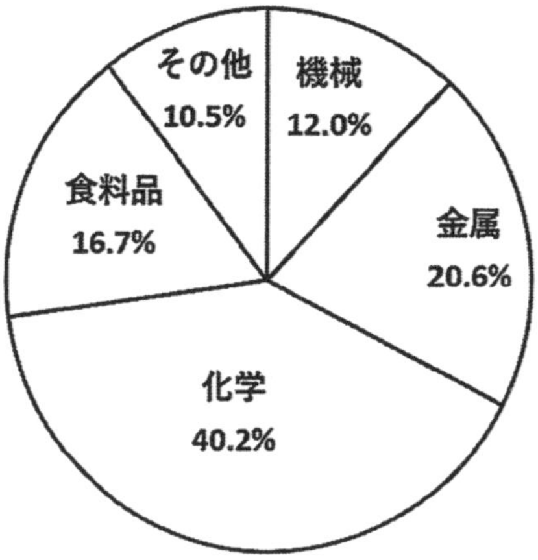

工業出荷額:11 兆 9770 億円

（総務省・経済産業省「経済センサス - 活動調査」（2021 年）より作成）

問７　下線部⑥に関して、現在はインターネットを利用する機会がとても多いです。**情報を送る時に**注意する点を１つかんたんに答えなさい。

2　ある小学校の社会の授業中に行われた次の会話を読んで、あとの問いに答えなさい。

先　生：今は国の政治について学習しています。まずは、前回の授業の復習です。前回は日本国憲法について学びましたね。日本国憲法の三つの原則は覚えていますか。ゆうとさん、答えてみましょう。

ゆうと：［　　　　　　　］と「①基本的人権の尊重《そんちょう》」と「②平和主義」です。

先　生：その通りです。しっかり復習できていますね。それでは今日は③国会の働きについて学習しましょう。

ゆうと：むずかしそうですね。

先　生：大丈夫です。わかりやすく説明するので、しっかりと聞いてください。

問１　会話文中の［　　　　　　　］に入る語句を**漢字**で答えなさい。

問２　下線部①に関連して、あとの問いに答えなさい。

（１）　最近では、公園の多機能トイレなどすべての人にとって使いやすい形や機能を考えたデザインが導入されています。このようなデザインのことを何というか答えなさい。

（２）　基本的人権の尊重を原則の一つとして、さまざまな国民の権利が保障されています。国民の権利として**まちがっているもの**を次のア～エから１つ選び、記号で答えなさい。

ア．教育を受ける権利

イ．税金を自由に使う権利

ウ．居住や移転、職業を選ぶ権利

エ．裁判を受ける権利

問３　下線部②に関連して、毎年、日本が降伏したことを国民に伝えた日を中心に、日本各地で平和をいのる式典が行われています。その日が８月何日か答えなさい。

問４　下線部③に関連して、国会で行われていることとして**まちがっているもの**を次のア～エから１つ選び、記号で答えなさい。

ア．法律を制定すること。

イ．条約を外国と結ぶこと。

ウ．内閣総理大臣を指名すること。

エ．予算の議決をすること。

3　たくやくんは、この夏休みにオンラインで行われた全国子ども会議に参加しました。その会議では、はじめの自己紹介の時に自分の住んでいる都道府県の歴史についても発表しました。その時の内容をしるしたＡ～Ｉの文を読んで、途中に出てくる各問いに答えなさい。

Ａ.

ぼくの名前はたくやです。青森県に住んでいます。ぼくの県には、①縄文時代を代表する（　あ　）遺跡《いせき》があります。ここには掘立柱《ほったてばしら》の大型の建物のあとなどがあって、500 人ほどが生活していたといわれています。

Ｂ.

わたしの名前は、ゆうこです。静岡県に住んでいます。わたしの県には、②弥生時代の（ い ）遺跡があります。水田、住居、米を保管した高床倉庫のあとが見つかっています。

Ｃ.

ちょっと待った、ぼくは佐賀県のみつるです。弥生時代の遺跡といえば、（ う ）遺跡でしょう。物見やぐらや深いほり、木のさくなど、米作りが始まって争いがおこるようになった、当時の様子がよくわかる貴重な遺跡です。

問１　Ａ～Ｃの文中の（ あ ）～（ う ）に入る遺跡名として正しい組みあわせを次のア～カから１つ選び、記号で答えなさい。

ア．あ：登呂　　い：三内丸山　　う：吉野ヶ里

イ．あ：登呂　　い：吉野ヶ里　　う：三内丸山

ウ．あ：三内丸山　　い：登呂　　う：吉野ヶ里

エ．あ：三内丸山　　い：吉野ヶ里　　う：登呂

オ．あ：吉野ヶ里　　い：登呂　　う：三内丸山

カ．あ：吉野ヶ里　　い：三内丸山　　う：登呂

問２　Ａの下線部①の時代の土器を次のア～ウから１つ選び、記号で答えなさい。

ア

イ

ウ

問３　Ｂの下線部②の時代の道具に**あてはまらないもの**を次のア～エから１つ選び、記号で答えなさい。

ア．

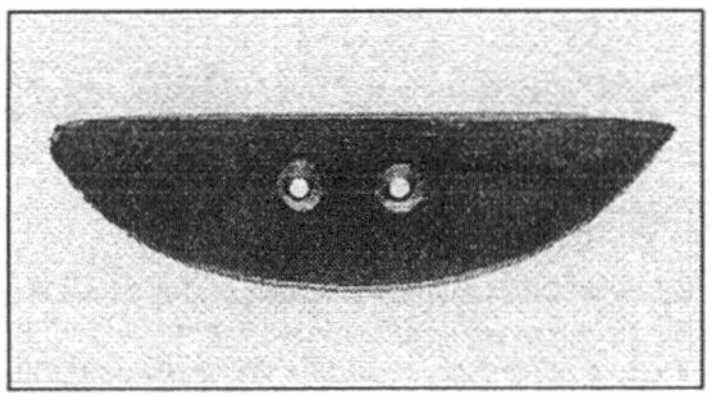

イ．

ウ．

エ．

D．

みつるくん、落ち着いて。わたしは、神奈川県のさやかです。神奈川県といえば、［　　］が幕府を開いたところです。この時代には、２度にわたって③中国が日本にせめてきましたが、御家人の激しい抵抗やあらしによって失敗におわりました。

E．

わたしは、みほといいます。兵庫県からです。私の県には神戸という日本有数の貿易港があります。さやかさんに対抗するわけではないのですが、武士で初めて太政大臣となった［　　］は④中国と貿易するために、この港を整備しました。

F．

ぼくは、岡山県のけんじです。［　　］を知ってますか。（画面上で参加者のみんなの手があがる。）ああ、よかった。［　　］は岡山県の出身で、⑤中国に渡って絵の修行をし、「天橋立図」などを描いて水墨画を大成しました。

問４　D～Fの［　　］に入る人物名をそれぞれ答えなさい。

問５　Ｄ～Ｆの下線部③～⑤の中国の国名の組み合わせとして正しいものを次のア～エから１つ選び、記号で答えなさい。

ア．③：宋　　④：元　　⑤：明

イ．③：宋　　④：明　　⑤：元

ウ．③：元　　④：宋　　⑤：明

エ．③：元　　④：明　　⑤：宋

オ．③：明　　④：宋　　⑤：元

カ．③：明　　④：元　　⑤：宋

問６　Ｆでけんじくんが述べた人物の時代の文化として最も適切なものを次のア～エから１つ選び、記号で答えなさい。

ア．『浦島太郎』や『ものぐさ太郎』などのおとぎ話の絵本がつくられた。

イ．「南無阿弥陀仏《なむあみだぶつ》」を唱えれば極楽浄土《ごくらくじょうど》へ行けるという教えが広まり、阿弥陀堂《あみだどう》がたくさんつくられた。

ウ．大和絵が生まれ、貴族の生活のようすや風景がえがかれた。

エ．歌舞伎《かぶき》や人形浄瑠璃《にんぎょうじょうるり》が人々のくらしのなかの大きな楽しみになった。

G．

> ぼくは、かずやといいます。愛知県から参加しています。愛知と言えば、□ですね。□は足利氏を京都から追い出して、室町幕府をほろぼしました。

H．

> 私は、長崎県のきよこです。江戸幕府は出島をつくり、鎖国の期間はそこで□との貿易を行いました。また、長崎県の対馬も、当時⑥外国と交流していました。

問７　Gの□に入る人物名を答えなさい。

問８　Gの□が行ったこととして正しいものを次のア～カから**２つ**選び、記号で答えなさい。

ア．刀狩を行い、百姓の持つ刀や鉄砲をとりあげた。

イ．キリスト教を弾圧した。

ウ．２度に渡って朝鮮に出兵した。

エ．安土城を築き、城下で自由に商工業が行えるようにした。

オ．武家諸法度をつくり、大名をとりしまった。

カ．徳川家康と手を結び、武田軍をやぶった。

問９　Hの□に入る国名を答えなさい。

問10　Hの下線部⑥について、日本の将軍がかわるごとに外国から来日した、右の絵の使節を何というか、国名をふくめて答えなさい。

I.

やっとまわってきた。鹿児島県のつとむです。鹿児島の偉人といえば、□でしょう。□は長州藩の木戸孝允と手を結んで、江戸幕府をたおし、約260年続いた⑦江戸時代が終わりました。しかし、⑧明治時代に入ると、□は政府をやめ、西南戦争をおこすことになってしまいました。

問11　Iの□に入る人物名を答えなさい。

問 12　文中の下線部⑦のことがらとして**まちがっているもの**を次のア～オから１つ選び、記号で答えなさい。

ア．三代将軍徳川家光のとき、１年おきに大名が江戸と地元を往復する参勤交代が制度化された。

イ．大阪は、「天下の台所」とよばれ、商業の中心地だった。

ウ．国学がおこり、本居宣長が『古事記』を研究し、『古事記伝』を著《あらわ》した。

エ．百姓や町人の子どもたちは寺子屋へ通い、読み・書き・そろばんなどを学んだ。

オ．日米修好通商条約を結んだのち、日米和親条約が結ばれ、日本の鎖国は終わった。

問 13　下線部⑧について、次のア～エを時代の古い順に並べなさい。

ア．岩倉使節団が欧米へ派遣される。

イ．日本が韓国を併合する。

ウ．日露戦争が始まる。

エ．大日本帝国憲法が発布される。

2024(R6) 日向学院中
K 教英出版

****

日向学院中学校入学試験問題

****

令和６年度

(A日程)

算　　数

［　1月8日　第4時限　11：25　～　12：15　］

(50分　100点)

＃教英出版 編集部　注
編集の都合上、計算らんは省略しています。

受験上の注意

1　「始め」の合図があるまで、このページ以外のところを見てはいけません。

2　問題は [1] ～ [5] まであります。

3　答えは必ず解答用紙に記入してください。解答用紙はこの冊子《さっし》の間にはさんであります。

4　「始め」の合図があったら、まず解答用紙に受験番号、氏名を記入してください。また、抜けているページがないか、最初に確認《かくにん》してください。抜《ぬ》けているページがあったときは、だまって手をあげてください。

5　印刷がはっきりしなくて読めないときは、だまって手をあげてください。問題内容や答案作成上の質問は認《みと》められません。

6　「やめ」の合図があったら、すぐ鉛筆《えんぴつ》を置き、解答用紙は裏返《うらがえ》しにして机《つくえ》の上に置いてください。

---

1 次の計算をしなさい。

(1) $20-6\times 3$

(2) $\frac{5}{9}+\frac{7}{12}-\frac{1}{4}$

(3) $5\times\{11+(13-3\times 4)\}$

(4) $2.6\times 0.4\div 1.3$

(5) $\left(\frac{7}{8}-\frac{5}{6}\right)\times 24$

2 次の各問いに答えなさい。

(1) 次の □ にあてはまる数を求めなさい。

① 時速 90 km は，秒速 □ m

② □ L の18 % は，360 mL

(2) あるクラスの男子 16 人の体重の平均は 37 kg，女子 14 人の体重の平均は 34 kg でした。このクラス全体の体重の平均は何 kg か求めなさい。

(3) 原価 1200 円の商品に 3 割の利益を見込んで定価をつけたが，売れなかったので，定価の 15 % 引きで売りました。このときの利益はいくらか求めなさい。

(4) 1 から 100 までの整数の中で，3 の倍数であるが 7 の倍数ではないものは何個あるか求めなさい。

(5) 次のデータは生徒 9 人の算数の小テスト（10 点満点）の結果です。次の ① ～ ⑤ の中で，正しいものをすべて選びなさい。

（5　6　6　6　7　7　8　9　9）

① 得点の最大値は 10 点である。
② 得点の範囲は 9 点である。
③ 得点の平均点は 7 点である。
④ 得点の中央値は 7 点である。
⑤ 得点の最頻値（さいひんち）は 7 点である。

3 次の各問いに答えなさい。

(1) 次の図形の線対称（たいしょう）と点対称について，**間違っている説明**をすべて選びなさい。

① 正三角形は，線対称な図形であり，点対称な図形である。

② ひし形は，線対称な図形であり，点対称な図形である。

③ 正五角形は，線対称な図形であるが，点対称な図形ではない。

④ 平行四辺形は，線対称な図形ではないが，点対称な図形である。

⑤ 正六角形は，線対称な図形ではないが，点対称な図形である。

(2) 右の図のように1組の三角定規を重ねるとき，x の角の大きさを求めなさい。

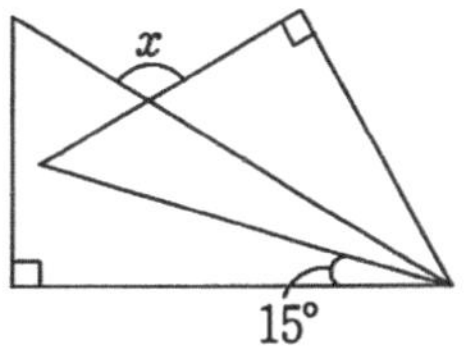

(3) 右の図の色のついた部分の面積を求めなさい。

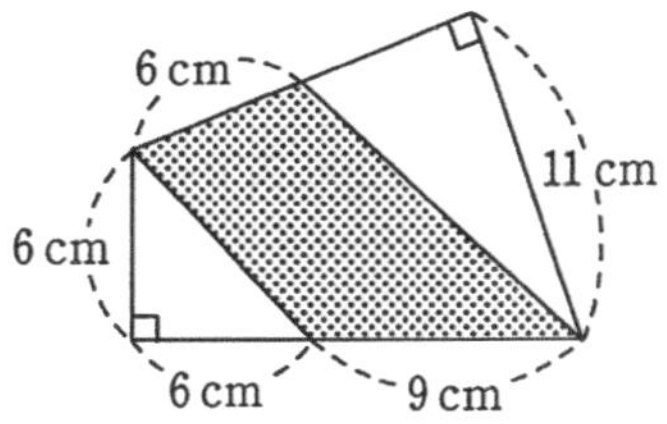

(4) 右の図は立方体の展開図です。この展開図を組み立てるとき，次の問いの答えなさい。

① ㋐の面と平行になる面を求めなさい。

② 点Bと重なる点をすべて求めなさい。

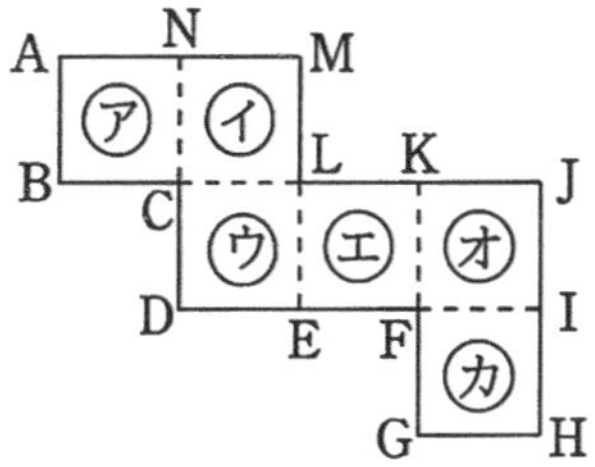

4 日向学院中学校では，4月に「ねばろ一会」という行事があります。つばき山公園の周辺の 18 km のコースを，友達と楽しくおしゃべりをしながら歩くというものです。学校から 8 時 50 分にバスに乗って時速 30 km の速さでスタート地点にむかい，10 時ちょうどに着いて，すぐに歩きはじめました。コースの途中にあるつばき山公園まで 8 km の道のりを歩き，12 時 40 分に着きました。そこで，お弁当を食べたり，休けいをする時間を 30 分間取りました。その後，残りの道を時速 5 km の速さで，再び友達とゴールを目指して歩き続けます。ゴール着いた後に 10 分間休けいをして，バスに乗って学校へ戻ります。バスの速さは行きも帰りも時速 30 km で，ゴール地点から学校までの道のりは学校からスタート地点までの道のりより 10 km 短いものとします。このとき，次の問いに答えなさい。

(1) 学校からスタート地点までの道のりは何 km あるか求めなさい。

(2) スタート地点から途中のつばき山公園まで，時速何 km で歩いたか求めなさい。

(3) 学校に帰り着いた時こくは，午後何時何分か求めなさい。

(4) 行事に参加した全 11 クラスの生徒の男子と女子の比が 10：11 であり，各クラス 33 人から 36 人の参加者がいたとき，この行事に参加した全生徒の数を求めなさい。

5 右の図のように，1だん目には数字の1が2つ，2だん目にはある規則にしたがって数字を3つ，3だん目には同じ規則にしたがって数字を4つ，4だん目以こうも同じ規則にしたがって1つ上のだんにある数字の個数より1つ多く数字をならべていきます。この数字のならびについて，太郎さんと花子さんが会話をしています。次の □ にあてはまる数を答えなさい。

1だん目	1　1
2だん目	1　2　1
3だん目	1　3　3　1
4だん目	1　4　6　4　1
5だん目	1　5　10　10　5　1
⋮	⋮

太郎さん：左右対称なきれいな数字のならびだね。2だん目以こうはどんな規則にしたがって，数字をならべてあるのかな。

花子さん：私は知っているよ。お兄ちゃんに教えてもらったからね。問題を出すから，太郎さん考えてみてよ。6だん目の左から3番目の数は何だと思う？

太郎さん：ん～。あっ分かったよ。答えは ① だね。

花子さん：そうだよ。この数字のならびには，他にもたくさんの規則があるんだよ。何だん目でも，そのだんの左から奇数（きすう）番目の数の和から，偶数（ぐうすう）番目の和をひくと ② になるんだよ。

太郎さん：本当だ。すごいね。他にも何か規則があるの。

花子さん：あるよ。例えば1だん目から4だん目まで左から2番目の数をそれぞれたすと，次の5だん目の左から3番目の数と同じになるんだ。1＋2＋3＋4は10と同じになるでしょう。これは1だん目から何だん目まででも左から2番目の数をそれぞれたすと，その次のだんの左から3番目の数になるんだよ。このことを使って10だん目の左から3番目の数を求めてみてよ。

太郎さん：分かったよ。10だん目の左から3番目の数は ③ だね。

花子さん：正解だよ。他にも各だんごとの数の和にも規則があるよ。考えてみてよ。

太郎さん：分かったよ。10だん目の数を全部たすと ④ になるね。

花子さん：そうだね。最後に1だん目から10だん目までのすべての数をたすといくつになるか分かるかな。

太郎さん：少し計算が大変だけど ⑤ になると思うよ。

花子さん：よく分かったね。ただ数字が規則的にならべてあるだけだけど，おもしろいでしょう。

3

4

二

問1

1

2

3 って

4

5 ち

問2

あ

い

う

え

問3

問4

問5

問6

問7

問8

Ⅰ

Ⅱ

Ⅲ

※50点満点
（配点非公表）

令和 6 年度

理科解答用紙

受験番号		氏　名	

1

問 1		問 2		問 3	
問 4		問 5		問 6	

2

問 1		問 2		問 3		問 4	
問 5							
問 6	二酸化炭素を集めた試験管に（　　　　　　　　）を入れると，（　　　　　　　　）。						

【解答用

令和６年度　Ａ日程入試

社会　解答用紙

※50点満点
（配点非公表）

受験番号		氏　名	

1

問1	

問2	(1)	島根県	市	愛媛県	市	(2)		問3	

問4	

問5		問6	(1)	①		②		③		④		(2)	

問7	

2

問1		問2	(1)	

【解答用

※100点満点
（配点非公表）

令和６年度　A日程入試

算数解答用紙

受験番号		氏名	

1

(1)		(2)		(3)		(4)		(5)	

2

(1)	① 秒速　m	②　L	(2)	kg	(3)	円
(4)	個	(5)				

【解答用

3

(1)		(2)	度	(3)	cm^2	(4)	①		②

4

(1)	km	(2)	時速　　　km	(3)	午後　　時　　分	(4)	人

5

①		②		③		④		⑤	

問2	(2)		問3	8　　月　　　　日	問4	

3

問1		問2		問3	

問4	D		E		F	

問5		問6		問7		問8	

問9		問10		問11	

問12		問13	→　　→　　→

3

問 1		問 2		問 3		問 4	
問 5	AB 間	CD 間	問 6				

4

問 1		問 2	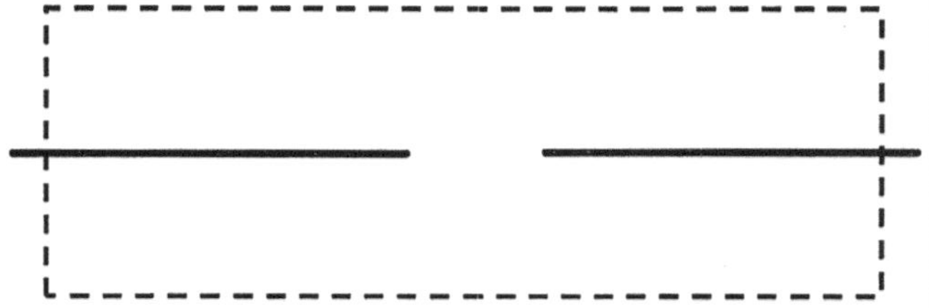
問 3			

問 4		問 5	秒	問 6	秒速 cm
問 7					

令和六年度　A日程入試

国語　解答用紙

受験番号

氏名

※100点満点
（配点非公表）

一

問1
1
2
3
4
5

問2
あ
い
う
え

問3

問4

問5
1
2

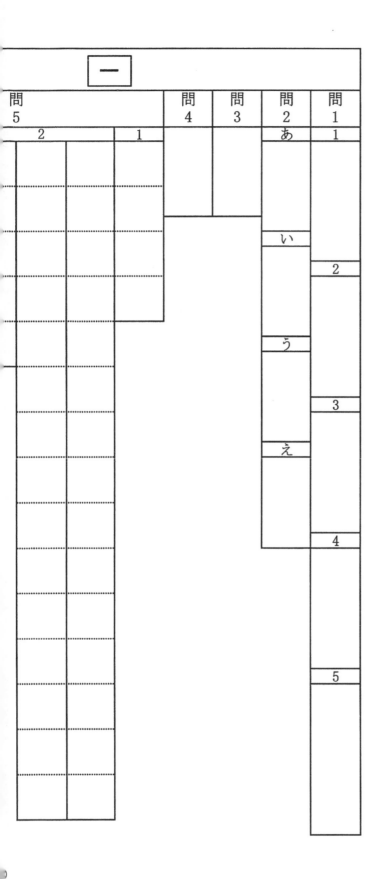

****

日向学院中学校入学試験問題

****

令和５年度

（Ａ日程）

国　語

［１月３日　第１限　9：00　～　9：40］
（40分　100点）

受験上の注意

1　「始め」の合図があるまで、このページ以外のところを見てはいけません。
2　問題は 一 ～ 二 まであります。
3　答は必ず解答用紙に記入しなさい。解答用紙はこの冊子の間にはさんであります。
4　試験開始１分前に監督の先生の指示により、抜けているページがないかの確認をします。抜けているページがあったときは、だまって手をあげてください。
5　「始め」の合図があったら、まず解答用紙に受験番号、氏名を記入してください。
6　印刷がはっきりしなくて読めないときは、だまって手をあげてください。問題内容や答案作成上の質問は認められません。
7　「やめ」の合図があったら、すぐ鉛筆《えんぴつ》をおき、解答用紙は裏返しにして机の上に置いてください。

2023(R5) 日向学院中
K 教英出版

一　次の文章を読んで、後の問いに答えなさい。（作問の都合上、原文の表記を改めた箇所《かしょ》があります。）

私《わたし》たちが食べているものは、全てが有機物つまり生命であるのです。私たちは、ほかの動植物の生命を奪《うば》うことによって生きています。いいかえれば私たちの生命は、ほかの生命の犠牲《ぎせい》の上にしかなりたちません。生きることは、殺すことでもあるのです。それが食べること、生きることの本質なのです。

約一〇年の歳月《さいげつ》をかけて、五万キロメートルにおよぶ人類のたどった跡《あと》を、自分の力で踏査《とうさ》した関野吉晴《せきのよしはる》さんは、そのグレートジャーニーのなかで、実にさまざまな人々と出会い、彼《かれ》らの生活をつぶさに1カンサツ※してきました。

関野さんは、そのエッセンスをまとめた本のなかで、「ヒトは『殺生《せっしょう》』なしでは生きていけない」として、極東シベリアのトナカイ遊牧民の食生活にふれ、肉や内臓《ないぞう》や血のほか、トナカイの骨《ほね》やひづめまで料理して、全てをみごとに食べつくす様子を感動的に描《えが》いています。まさしく［　　］を食べることこそが、人間が生きていくために、もっとも必要な行為《こうい》であることを忘《わす》れてはなりません。

【　あ　】、多くの生命を2養っているのが、海と大地つまり地球ということになります。私たちが食べるものの全ては、地球が提供《ていきょう》してくれているのです。もちろん程《ほど》よい距離《きょり》にある太陽の存在《そんざい》も忘れてはなりません。

重力と引力によって、地球が太陽の回りを回っているおかげで、さまざまな生命が支えられています。地球上の生命すべてが、私たちの食べ物になるのではなく、食べ物となる生命を利用して、人間の生活が成り立っているのです。

　したがって、私は自然との共生という言葉を好みません。厳密《げんみつ》には共利共生なのです。先に3ノベたように、水田は稲《いね》の工場ですから、自然そのものではありません。あくまでも①人間は、自分たちに都合のよいように、自然を改変してきたのです。

　それは、人間が生きていくために必要なことでした。現在の日本に、人の手が入らなかった自然というものは、ほとんど残っていません。世界遺産《いさん》となった東北の白神山地《しらかみさんち》でさえ、自然そのままではないとされています。

　食べ物を得るために、人々は、海に出て魚介類《ぎょかいるい》や海草を獲《と》ったり、山に入って食べられるものを探《さが》したり、動物を追いかけたりしてきました。さらに植物を育てやすくするため、邪魔《じゃま》な樹木《じゅもく》や草木を切り開いてきたのです。

　【　い　】動物に草を食べさせるなどして、大地を改変してきました。害虫や害獣《がいじゅう》を追い払《はら》い、自分たちの生命を支えやすい生態系《せいたいけい》を創《つく》り上げてきたのです。そのためには、4タえず自然に手を加える必要がありました。

　文化人類学者の小山修三《こやましゅうぞう》さんによれば、オーストラリアの採集狩猟民《さいしゅうしゅりょうみん》であるアボリジニたちは、自分たちの森に、定期的にクールファイアーと呼《よ》ばれる火をつけるといいます。ユーカリなどの幼木《ようぼく》だけを、その油を利用して燃やしてしまうのですが、これによって、強い生命力をもったユーカリなどの樹から、食べ物となるベリーなどの草木を守るのです。

　もちろんユーカリも利用しますが、のび育ったユーカリばかりの森に※なってしまうと、逆に油脂分《ゆしぶん》を貯《たくわ》えて森林火災が起こりやすくなります。彼らは、森を軽く焼き植生を変えることで、自らの生活に有利な生態系を保持してきたのです。

日本の山には、温帯落葉樹林を代表するブナが、たくさん生《お》い茂《しげ》っていました。ところが戦後の山林政策《さんりんせいさく》で、スギの植林を全国的に推《お》し進めました。今、日本列島どこへいっても、ほとんどが杉山《すぎやま》となってしまっています。スギは用材としては優《すぐ》れているのですが、枝打ちを怠《おこた》ると、※鬱蒼《うっそう》として下草が生えず、枯葉《かれは》ばかりが堆積《たいせき》しますから、土壌《どじょう》そのものが荒廃《こうはい》します。

ブナにくらべてスギは保水力が悪く、あふれた水が土砂《どしゃ》を押《お》し流してしまう危険性《きけんせい》があります。おまけに全国各地で、スギ花粉に悩《なや》まされている有り様です。いずれにしても②生態系の維《い》持《じ》の仕方をまちがえると、とんでもない事態に陥《おちい》ってしまいます。

もともと自然のなかでは、植物同士がものすごい※生存競争をくり返していますし、それに人間をふくめて動物たちの活動が加わると、植生や動物相が著《いちじる》しく変化してしまうのです。無人で放置された家の庭には、さまざまな雑草が生い茂り、やがて人が暮《く》らせる環境《かんきょう》ではなくなってしまいます。

水田や畑でも、何も作らずに放っておけば、樹木や草木が繁茂《はんも》してきたり、クマやイノシシや猿《さる》が進出したりしてきます。大地という自然は、確かに多くの恵《めぐ》みを与《あた》えてくれますが、一方では、私たちの生活や生命を脅《おびや》かす恐《おそ》ろしい力を持っています。

採集活動から、狩猟・漁労活動を経て、農耕というシステムを採り入れてしまった段階《だんかい》では、そこで5育まれる生命、【　う　】食べ物を保持し続けなければなりません。【　え　】一歩でも、手の入れ方をまちがえると、地球環境そのものを破壊《はかい》してしまうことになりかねません。

③もし地球環境を狂《くる》わせてしまうと、生命を産んでくれるはずの海や大地が、本来の役割《やくわり》を果たすことが難《むずか》しくなります。これはきわめて恐ろしい状況《じょうきょう》で、人間そのものの存在が脅かされるのです。

（原田信男《はらだのぶお》『食べるって何？』ちくまプリマー新書より）

語注

※エッセンス・・・最も大切な要素。
植生・・・ある土地に生育している植物の集団。
鬱蒼・・・樹木が茂ってあたりがうす暗いようす。
動物相・・・ある地域にすむ動物の全種類。

問1　〰〰1～5の漢字はひらがなになおし、カタカナは漢字になおしなさい。

問2　【　あ　】～【　え　】に入る最も適切な言葉をそれぞれ次の中から選んで、記号で答えなさい。（ただし、同じ記号は一度しか使えません。）

ア　しかし
イ　そして
ウ　つまり
エ　あるいは
オ　だから

問3　□に入る最も適切な言葉を本文中から二字でぬき出して答えなさい。

問4　――①「人間は、自分たちに都合のよいように、自然を改変してきた」とありますが、その例として正しくないものを次の中から一つ選んで、記号で答えなさい。

ア　とらえた動物の肉や内臓や血まで、全てをみごとに食べつくすこと。

イ　野生の稲を、育てやすい環境に植えて、生長を待って食料とすること。

ウ　植物を育てるために、邪魔になる樹木や草木を切り開くこと。

エ　人間に害を与える虫や獣を追い払い、安全な場所を確保すること。

問5　――②「生態系の維持の仕方」についてまとめた次の表について、以下の問いに答えなさい。

1　[A]を、本文中の言葉を使って、十五字以内で書きなさい。

2　[B]に入る言葉を、本文中から二字でぬき出して答えなさい。

3　[C]を、本文中の言葉を使って、四十字以内で書きなさい。

国	生態系維持の例	理由	問題点
オーストラリア	クールファイアー（ユーカリの幼木を燃やす）	・生命力の強いユーカリの樹から、ベリーなどの草木を守るため。 ・ユーカリばかりの森になると、[A]ため。	特になし
日本	スギの植林	・スギを[B]として活用するため。	・スギは、枝打ちを怠ると鬱蒼として下草が生えず、枝葉ばかりが堆積して、土壌が荒廃したり、[C]。 ・スギの花粉に悩まされる。

問6 ――③「もし地球環境を狂わせてしまうと、生命を産んでくれるはずの海や大地が、本来の役割を果たすことが難しくなります」とありますが、どういうことですか。最も適切なものを次の中から選んで、記号で答えなさい。

ア　地球環境が破壊されると、人間の農耕システムがこれ以上発展《はってん》しなくなるということ。

イ　地球環境が破壊されると、人間の生命を支える食べ物の供給ができなくなるということ。

ウ　地球環境が破壊されると、植生や動物相が変化し、異《い》常《じょう》気《き》象《しょう》が引き起こされるということ。

エ　地球環境が破壊されると、クマやイノシシや猿が人里に進出してくるようになるということ。

問7　次に示すのは、本文を読んだ四人の生徒たちの会話です。本文の内容と合わない発言を次の中から一つ選んで、記号で答えなさい。

ア　生徒A　この文章を読むと、私たち人間も生命であると同時に、私たちが食べているものも生命であるということがよく分かるね。

イ　生徒B　そうだね。広い意味で、食と生命とは切っても切れない関係にあると言えるよね。

ウ　生徒C　農耕や牧畜《ぼくちく》だって、人間が生命を維持するための行為だよ。人間は自分たちのために自然を利用してきたんだなあ。

エ　生徒D　これからは、人間だけでなく他の動植物の生態系のことも考えて、食料生産をおさえて生きていく必要がありそうだね。

二　次の文章を読んで、後の問いに答えなさい。（作問の都合上、原文の表記を改めた箇《か》所《しょ》があります。）

お詫び

著作権上の都合により、文章は掲載しておりません。
ご不便をおかけし、誠に申し訳ございません。

教英出版

お詫び

著作権上の都合により、文章は掲載しておりません。
ご不便をおかけし、誠に申し訳ございません。

教英出版

お詫び

著作権上の都合により、文章は掲載しておりません。

ご不便をおかけし、誠に申し訳ございません。

教英出版

お詫び

著作権上の都合により、文章は掲載しておりません。
ご不便をおかけし、誠に申し訳ございません。

教英出版

（神《かみ》乃《の》木《き》俊《しゅん》『門をくぐる』より）

語注

※缶蹴り、ベーゴマ、メンコ・・・いずれも昔の遊び。

問1 ～～～～～～1～5の漢字はひらがなになおし、カタカナは漢字になおしなさい。

問2 ══a・bの意味として最も適切なものを次から選んで、記号で答えなさい。

a「そそくさと」

ア　あわただしく

イ　こっそりと

ウ　次から次に

エ　おもしろがって

b「べそをかきながら」

ア　泣かないようにがまんしながら

イ　声をあげて激しく泣きながら

ウ　目をとじて泣いたふりをしながら

エ　今にも泣き出しそうになりながら

問3 [A]・[B]に入る最も適切な言葉を、Aは六字、Bは二字で、それぞれ本文中からぬき出して答えなさい。

問4 ――①「敬ちゃんにお尻を向けて、さっきより乱暴に縫い目がほつれた自分の網を動かした」とありますが、この時の「ぼく」の心情として最も適切なものを次の中から選んで、記号で答えなさい。

ア 敬ちゃんばかりザリガニが捕れることが不思議でたまらないので、こっそり敬ちゃんのやり方を試してみようと気がはやっている。

イ ザリガニが捕れずに涙ぐんでいることを敬ちゃんに知られたくないので、わざと明るくふるまってごまかそうと必死になっている。

ウ 敬ちゃんにザリガニの捕り方を教えてもらうのは不愉快《ふゆかい》なので、何とかして自分のやり方でザリガニを捕りたいと意地になっている。

エ ザリガニの捕れないぼくを挑発《ちょうはつ》する言い方に腹が立つので、やり場のない怒りを網にぶつけて敬ちゃんの言葉を気にしないよう努めている。

問5　――②「ぼくのなかでふくらんでいたなにか」として、適切でないものを次の中から一つ選んで、記号で答えなさい。

ア　ザリガニ捕りを自分がどんなに頑張ってもうまくいかないことへのいらだち
イ　捕れるザリガニの数にこだわって敬ちゃんを敵視《てきし》し、無視したことへの後悔《こうかい》
ウ　ザリガニ捕りをはじめとして色々なことをうまくこなす敬ちゃんへのねたみ
エ　ザリガニが捕まらないのは場所のせいではないことを突きつけられた悔しさ

問6　――③「すごくうまくいきそうな作戦」とありますが、その作戦の内容を以下のようにまとめました。［　あ　］に入る言葉を十字以内で、［　い　］に入る言葉を十五字以内で、それぞれ書きなさい。

1　学校に忍び込んで、だれにも気づかれないように教室に行く。
2　敬ちゃんのロッカーから国語の教科書を取り出す。
3　名前が書かれていないことを確認する。
4　油性ペンで［　あ　］。
5　敬ちゃんの教科書を自分のものにすることで、［　い　］ようにする。

問7 ――④「敬ちゃんの表情はザリガニみたいに真っ赤になった」とありますが、ここから、「ぼく」のどのような心情がわかりますか。最も適切なものを次の中から選んで、記号で答えなさい。

ア 先生にしかられている敬ちゃんを見て、うまくいったと満足している。
イ 赤くなった敬ちゃんの顔を見て、ザリガニ捕り競争のことを懐《なつか》しんでいる。
ウ こっぴどく怒る先生を見て、拳骨までしなくてもよいと心を痛めている。
エ 敬ちゃんが怒られる姿《すがた》を皆《みな》が笑うのを見て、予想外のことだとおどろいている。

問8 本文の特ちょうとして適切でないものを次の中から一つ選んで、記号で答えなさい。

ア 「ぼく」が敬ちゃんの教科書を探す場面において、短文をたたみかけるように使用することで、ぼくの焦りや緊張《きんちょう》がよく伝わってくる。
イ ザリガニの「赤」や葉っぱの「緑」を強調することで、この時の思い出がぼくにとって鮮明《せんめい》に記憶《きおく》されたものであることが示されている。
ウ 「台風が連れてくる突風みたいに」「欠けた前歯を流れ星のように」とたとえを使った表現を多用することで、読み手がイメージしやすくなっている。
エ 「敬ちゃん」のことを、「あいつ」「あんな奴」「魔王」と表現することで、ぼくが「敬ちゃん」に対して敵意をもっていることがよくわかる。

****

日向学院中学校入学試験問題

****

令和５年度

（Ａ日程）

理　　科

［１月３日　第２限　9:55　～　10:25 ］
（30分　50点）

受験上の注意

1　「始め」の合図があるまで、このページ以外のところを見てはいけません。
2　問題は [1] ～ [4] まであります。
3　答は必ず解答用紙に記入しなさい。解答用紙はこの冊子の間にはさんであります。
4　試験開始１分前に監督の先生の指示により、抜けているページがないかの確認をします。抜けているページがあったときは、だまって手をあげてください。
5　「始め」の合図があったら、まず解答用紙に受験番号、氏名を記入してください。
6　印刷がはっきりしなくて読めないときは、だまって手をあげてください。問題内容や答案作成上の質問は認められません。
7　「やめ」の合図があったら、すぐ鉛筆《えんぴつ》をおき、解答用紙は裏返しにして机の上に置いてください。

1 植物の芽が出るしくみについて，次の問いに答えなさい。

問１　植物の種子が芽を出すことを何といいますか。

問２　インゲンマメの種子が芽を出すために必要な条件を調べる実験をおこないました。右図のような容器１～３を用意し，容器を置く場所を冷蔵《ぞう》庫の中(A)，屋外のひなた(B)，屋外に置いた暗い箱の中(C)に置き，下の表に結果をまとめました。次の問いに答えなさい。

容器１　　容器２　　容器３

容器１．水をふくんだだっしめんの上にインゲンマメの種子を置いたもの。
容器２．かわいただっしめんの上にインゲンマメの種子を置いたもの。
容器３．インゲンマメの種子が完全に水につかるようにしたもの。

容器を置く場所	容器１	容器２	容器３
冷蔵庫の中(A)	×	×	×
屋外のひなた(B)	○	×	×
屋外に置いた暗い箱の中(C)	○	×	×

○…芽が出た　　×…芽が出なかった

(1)　容器３は，インゲンマメの種子から芽が出るために必要な条件である「あるもの」にふれさせないようにしたものです。それは何だと考えられますか。

(2)　インゲンマメの種子から芽が出るのに水が必要であることを確かめるためには，どの実験を比べるとよいですか。その組み合わせとして適当なものを次の**ア**～**サ**から**すべて選び**，記号で答えなさい。ただし，容器１で容器を置く場所がＡのときを『１Ａ』とします。

ア　１Ａと１Ｂ　　**イ**　１Ｂと２Ａ　　**ウ**　１Ｂと２Ｂ　　**エ**　１Ｂと３Ｂ
オ　１Ｂと３Ｃ　　**カ**　１Ｃと２Ａ　　**キ**　１Ｃと２Ｂ　　**ク**　１Ｃと２Ｃ
ケ　１Ｃと３Ａ　　**コ**　１Ｃと３Ｂ　　**サ**　１Ｃと３Ｃ

(3)　インゲンマメの種子の代わりにレタスの種子をまいたところ，容器１で，容器を置く場所がＢのときだけ芽が出ました。この結果から，インゲンマメの種子から芽が出るのには必要ないが，レタスの種子から芽が出るのには必要な条件は何だと考えられますか。

問３　容器１で容器を置く場所がＡのときインゲンマメの種子から芽は出ませんでした。芽が出る条件が足りなかったと考えられます。足りなかった条件とは何ですか。

問４　インゲンマメの種子から芽が出るとき，肥料をあたえなくても芽が出ます。これについて説明した次の文の(　)にあてはまることばを答えなさい。

インゲンマメの種子の(　**ア**　)には養分である(　**イ**　)がふくまれている。芽が出て，成長していくと(**ア**)がしぼんでいくのは，(**ア**)にふくまれる(**イ**)が，種子から芽が出ることや成長のための養分として使われるからと考えられる。

2 すべてとうめいで色がついておらず，見分けのつかない水よう液が入ったA～Eの印がついている試験管があります。これらの試験管には，「重そう水」「炭酸水」「うすいアンモニア水」「食塩水」「うすい塩酸」のうちのどれかが入っており，同じ水よう液が入っている試験管はありません。A～Eの印がついている試験管に入っている水よう液を調べるために，以下の【実験①】～【実験⑥】を行いました。この実験について，次の問いに答えなさい。

【実験①】手であおぐようにして，それぞれの試験管の水よう液のにおいをかぐと，CとEの試験管からはそれぞれちがった，つんとしたにおいがした。

【実験②】それぞれの試験管の水よう液を蒸《じょう》発皿に少しとって加熱すると，AとDは白い固体が残った。

【実験③】リトマス紙にそれぞれの水よう液をつけたところ，Aの試験管の水よう液だけが変化しなかった。BとCの試験管に入っている水よう液は青色リトマス紙が赤くなった。DとEの試験管に入っている水よう液は赤色リトマス紙が青くなった。

【実験④】Bの試験管に入っている水よう液からは，あわが出ていたのでその気体を別の試験管に集めて，火のついた線香をいれるとすぐに消えた。

【実験⑤】Cの試験管に入っている水よう液を別々の試験管に分け，それぞれ鉄（スチールウール）とアルミニウム（アルミニウムはく）を入れると，どちらもさかんにあわが出て試験管があたたかくなり，鉄（スチールウール）もアルミニウム（アルミニウムはく）も，ほとんど見えなくなった。

【実験⑥】実験⑤の鉄（スチールウール）がとけた方の液体から水を蒸発させると，固体が出てきた。

問１　A〜E の試験管に入っている水よう液として正しいものを次の**ア**〜**オ**の中から１つずつ選び，それぞれ記号で答えなさい。

ア　重そう水　　**イ**　炭酸水　　**ウ**　うすいアンモニア水
エ　食塩水　　**オ**　うすい塩酸

問２　実験④で集めた気体は何ですか。

問３　実験⑥の結果，出てきた固体の色と磁《じ》石を近付けたときの様子として正しい組み合わせは下の**ア**〜**エ**のどれですか。正しいものを１つ選び，記号で答えなさい。

ア　白色で磁石にくっついた
イ　白色で磁石にくっつかなかった
ウ　黄色で磁石にくっついた
エ　黄色で磁石にくっつかなかった

3 日本から見たときの月の見え方や位置の変化について調べてみました。これについて，次の問いに答えなさい。

問１　満月の位置の変化について，次の文中の①～④にあてはまる正しい語句をそれぞれ選び答えなさい。

満月は太陽と(①　同じ　・　ちがって　)，(②　東　・　西　・　南　・　北　)の方からのぼり，(③　東　・　西　・　南　・　北　)を通って，(④　東　・　西　・　南　・　北　)の方へしずむ。

問２　半月は問１の満月と同じように位置を変えますか，それともちがいますか。「同じ」か「ちがう」で答えなさい。

問３　図１のように，夕方見えた半月は「東」「西」「南」「北」のどの方角の空に見えますか。

問４　図１の半月はこのあとどの方向に移動しますか。図中の**ア**～**エ**から１つ選び，記号で答えなさい。

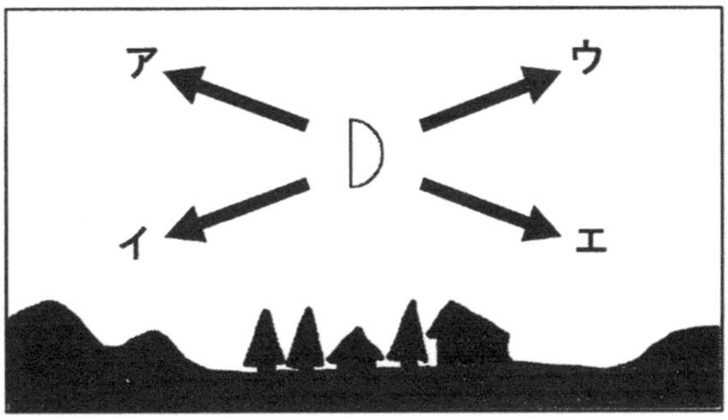

図１

問５　夕方の東の空に見える月は図２のどの位置にありますか。図２のA～Hから１つ選び，記号で答えなさい。

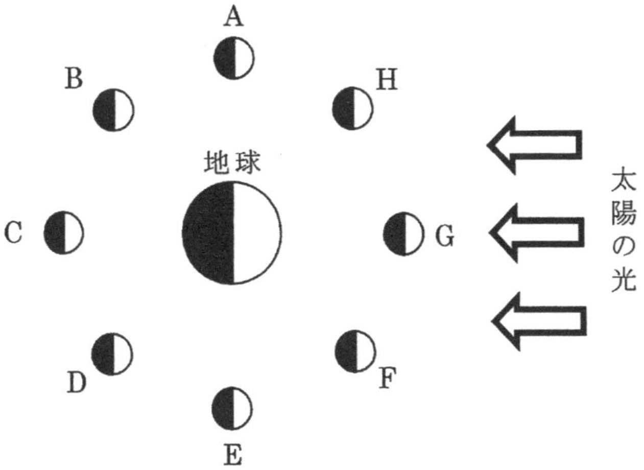

図２

問６　地球から見て，新月に見える月の位置を０度として，太陽の方向と月の方向の差が時計回りに 180 度のときが満月と決められています。地球から見て，新月から時計回りに 270 度のときはどんな月が見られますか。次の**ア**～**エ**から１つ選び，記号で答えなさい。ただし，図中のの部分はかげの部分を表しています。

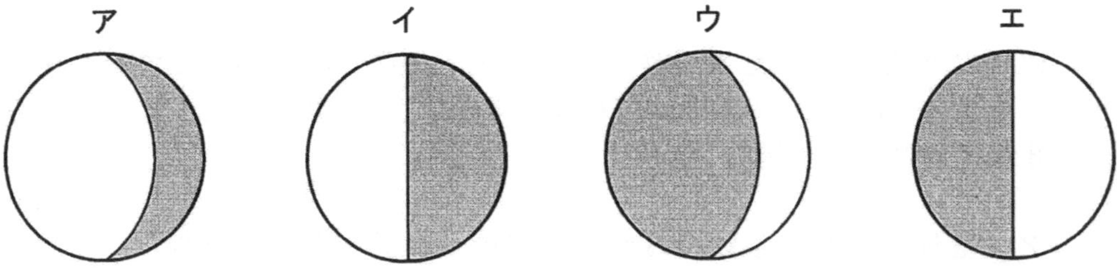

問７　ある日の 18 時ごろから月を観察しようとしましたが，この日は晴れていたのに一晩《ばん》じゅう月は見えませんでした。次の日に見える月の形に最も近いものを次の**ア**～**エ**から１つ選び，記号で答えなさい。ただし，図中のの部分はかげの部分を表しています。

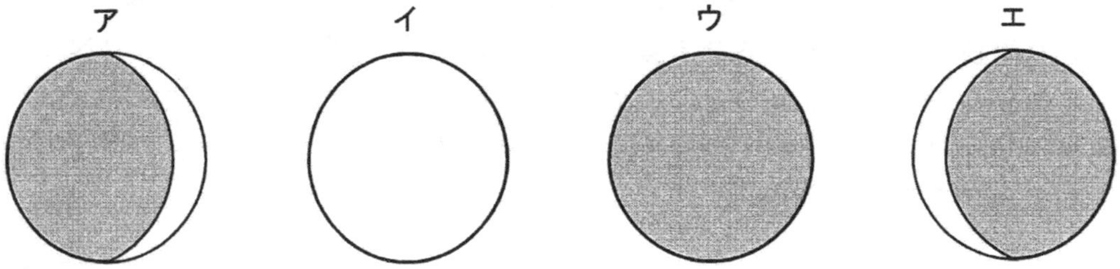

問８　2022 年 11 月８日に宮崎で皆既《かいき》月食が見られました。皆既月食は地球のかげが月にかかる現象です。このときの月は図２のどの位置にありますか。図２の A～H から１つ選び，記号で答えなさい。

4 物質を冷やしたりあたためたりしたときの変化について，次の問いに答えなさい。

問１ 水を冷やして氷にすると体積はどうなりますか。

問２ 20℃に保たれていた水と空気の温度を，20℃から 60℃まで少しずつ上げたとき，それぞれの体積はどのように変化しますか。次の**ア**～**オ**から最も適当なものを１つ選び，記号で答えなさい。

ア 空気も水も小さくなるが，空気の方がより小さくなる。
イ 空気も水も小さくなるが，水の方がより小さくなる。
ウ 空気も水も変化しない。
エ 空気も水も大きくなるが，空気の方がより大きくなる。
オ 空気も水も大きくなるが，水の方がより大きくなる。

問３ 右図は 0℃に保たれていた水の温度を，10℃まで少しずつ上げていったときの，水の体積 $1cm^3$ の重さがどう変化するか示したものです。右図をもとに，水の重さ 1g あたりの体積が最も小さくなるのはおよそ何℃のときか答えなさい。

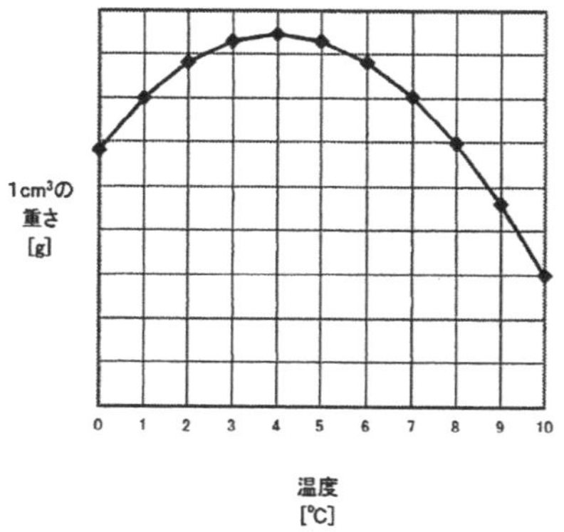

問４ ガラス容器の金属のふたが開けにくいとき，熱いお湯の中にふたの部分を入れて，ふたを開けやすくする方法があります。この開けやすくなる理由として最も適当なものを次の**ア**～**エ**から１つ選び，記号で答えなさい。

ア ガラスよりも金属の方が熱の伝わり方が早く，金属のふたが先にふくらむのですき間ができて開けやすくなる。
イ ガラスよりも金属の方が熱の伝わり方がおそく，金属のふたが先にふくらむのですき間ができて開けやすくなる。
ウ ガラスよりも金属の方が熱の伝わり方が早く，金属のふたがおくれてふくらむのですき間ができて開けやすくなる。
エ ガラスよりも金属の方が熱の伝わり方がおそく，金属のふたがおくれてふくらむのですき間ができて開けやすくなる。

問５　下図は，金属の棒《ぼう》の左はしを固定し図中の位置をアルコールランプで熱することによって，金属の棒が右向きにしかのびないようにしてある装《そう》置です。また，金属の棒の右はしは点Ｏを中心として回転する針《はり》の短い部分につけられており，この針の長い部分と短い部分の長さの比は 7：1 になっています。この装置について，次の問いに答えなさい。

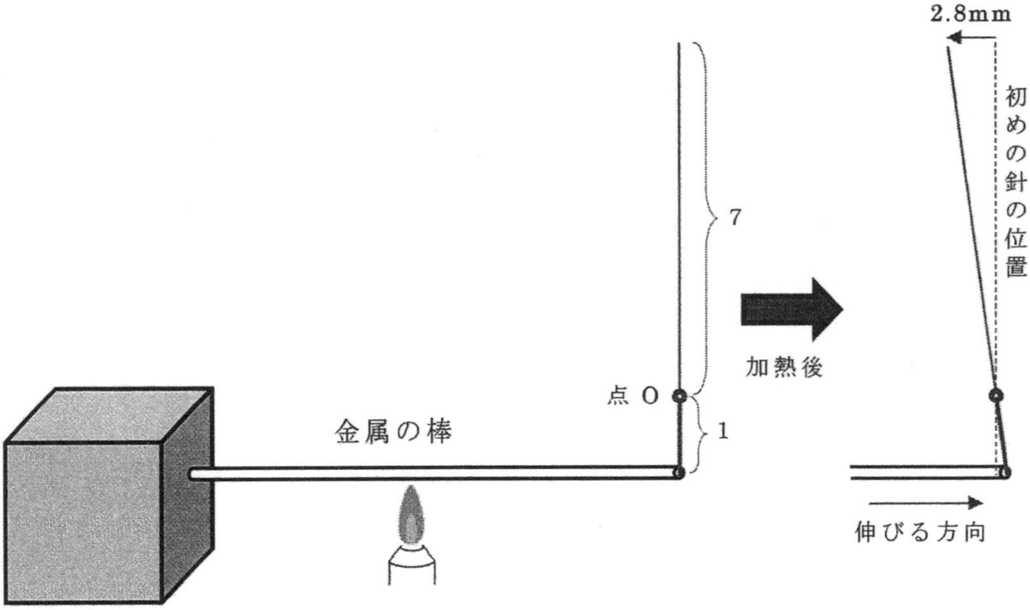

(1)　この金属の棒を熱したら，上図のように針の先は初めの位置から 2.8mm 左に動きました。このとき，金属の棒は何 mm のびたと考えられますか。

(2)　上記の実験をくり返した結果，温度が高くなることによってのびた金属の棒の長さは「もとの長さ」と「上昇《しょう》した温度」に比例する，ということが分かりました。この結果をもとに，この金属の棒の長さを３倍にしたものを上図の装置と同じようにおいて，(1)のとき上昇した温度の半分だけ温度を上げたとき，針の先は何 mm 動くと考えられますか。

****

日 向 学 院 中 学 校 入 学 試 験 問 題

****

令和５年度

（Ａ日程）

社　会

［１月３日　第３限　10:40　～　11:10 ］

(30分　50点)

受験上の注意

1　「始め」の合図があるまで、このページ以外のところを見てはいけません。

2　問題は 1 ～ 2 まであります。

3　答は必ず解答用紙に記入しなさい。解答用紙はこの冊子の間にはさんであります。

4　試験開始１分前に監督の先生の指示により、抜けているページがないかの確認をします。抜けているページがあったときは、だまって手をあげてください。

5　「始め」の合図があったら、まず解答用紙に受験番号、氏名を記入してください。

6　印刷がはっきりしなくて読めないときは、だまって手をあげてください。問題内容や答案作成上の質問は認められません。

7　「やめ」の合図があったら、すぐ鉛筆《えんぴつ》をおき、解答用紙は裏返しにして机の上に置いてください。

1　ある小学校の社会の授業中に行われた次の会話を読んで、あとの問いに答えなさい。

先　生：今日は自然災害について考えてみましょう。

はると：この前、夜中に大きな地震《じしん》があってびっくりしました。携帯電話《けいたいでんわ》のＪアラートの音と大きなゆれにびっくりして目が覚めました。

ひまり：Ｊアラート？それって 1近隣《きんりん》の外国がミサイルを発射したときに鳴るものでしょ？今回は緊急地震速報《きんきゅうじしんそくほう》じゃない？

先　生：情報を発信するのが 2内閣官房《ないかくかんぼう》か気象庁《きしょうちょう》かという違《ちが》いはあるんだけど、3武力攻撃情報《ぶりょくこうげきじょうほう》も地震速報も、どちらもＪアラートと言うようですよ。

ひまり：そうなんですね。今回の地震では大丈夫でしたが、うちは９月の台風 14 号のときには停電しました。

先　生：ふだん当たり前にある電気が使えなくなったり、断水して水が出なくなったりすると、いかに電気や水が大事であるか分かりますね。それと、日ごろから 4災害に備えておくことも大事ですね。

つむぎ：うちは停電になってからあわてて懐中電灯《かいちゅうでんとう》を探しましたが、おじいちゃんの家では、懐中電灯とろうそくを準備して、おふろには水をためて断水にも備えたって言ってました。

先　生：すごいですね。これまでのいろいろな経験をいかしていらっしゃるのでしょうね。

はると：台風 14 号といえば、小林市の 5なし農園では、たくさんのなしが落ちたり傷《きず》ついたりする被害《ひがい》を受けたって聞きました。

先　生：そうですね。さらに今回の台風では、農業だけではなく、林業とか6工業とかサービス業なども、大きな被害を受けました。

ひまり：先生、今年も日本では巨大台風とか猛暑《もうしょ》とかゲリラ豪雨《ごうう》などのさまざまな異常気象による 7被害が起こりましたが、これは地球温暖化と関係があるんですか？

先　生：最近の異常気象と地球温暖化とのはっきりした関連性はまだ明らかにされていないのですが、世界中で異常気象が発生する数が増えて

いることと、地球温暖化が進んでいることは事実ですね。ですから、国連の定めた8「持続可能な開発目標（SDGs）」には、「13 気候変動に具体的な対策《たいさく》を」という目標がもりこまれていますよ。

つむぎ：わたしたちも、自分にできることをしていきたいです。

先　生：いい心がけですね。SDGs はあくまでも目標なので9義務ではありませんが、その達成に向けて一人一人が自分にできることをしていきたいですね。そして、社会科の授業では、世の中のことを正しく理解するために、ただ知識を暗記するのではなく、理由を考えたり、グラフや表からいろいろな情報を読み取る練習をしたりしていきたいですね。

問１　下線部１に関連して、あとの問いに答えなさい。

ある日のニュースで、「ミサイルは日本の EEZ の外側の日本海に落下したとみられる」と報道されました。

（１）　この EEZ とは、沿岸国が漁業をしたり、石油などの天然資源を掘《ほ》ったり、科学的な調査を行ったりという活動を自由に行うことができる 200 海里までの水域のことです。これを日本語で何というか、答えなさい。

（２）　下の図は、この EEZ が減少しないために護岸工事《ごがんこうじ》を行った島の写真です。この島が日本の領土のどこに位置するかを次のア～エから１つ選び、記号で答えなさい。また、この島の名前も答えなさい。

ア．東のはし　　イ．西のはし
ウ．南のはし　　エ．北のはし

問２　下線部２に関連して、あとの問いに答えなさい。

内閣官房や気象庁などのさまざまな省や庁は、内閣のもとで実際の仕事を受け持って内閣の仕事を支えています。

（１）　内閣の最高責任者で、首相ともよばれる役職を答えなさい。

（２）　内閣・国会・裁判所は、国の重要な役割《やくわり》を分担《ぶんたん》していますが、その仕組みを何というか**漢字４字**で答えなさい。

問３　下線部３に関して、日本は日本国憲法で「武力による威嚇《いかく》または武力の行使は、国際紛争《こくさいふんそう》を解決する手段としては、永久にこれを放棄《ほうき》する」と定め、平和主義を原則としています。では、この条文は憲法第何条ですか。解答らんに合わせて、数字で答えなさい。

問４　下線部４に関連して、あとの問いに答えなさい。

（１）　沖縄県では、写真のように台風に備えてコンクリートづくりで屋根を平らにしたり、水不足に備えて貯水タンクがある家が多くみられます。降水量《こうすいりょう》の多い沖縄県でなぜ水不足が起こるのか、「沖縄県では山や森林が」の書き出しに続けて、「川」という語句を用いてかんたんに説明しなさい。

（２）　自然災害による被害を減らすために作成された、自然災害による被害が予想される範囲《はんい》などを表した地図を何というか、**カタカナ**で答えなさい。

問５　下線部５に関して、下の表は、なし、りんご、みかん、ぶどうの生産量上位５都道府県をまとめたものです。なしの生産量を表しているものをア～エから１つ選び、記号で答えなさい。

農産物の生産量と全国にしめる割合（2020 年）

	ア			イ			ウ			エ		
	都道府県	t	%	都道府県	t	%	都道府県	t	%	都道府県	t	%
1 位	山梨	35,000	21.4	青森	463,000	60.7	千葉	18,200	10.7	和歌山	167,100	21.8
2 位	長野	32,300	19.8	長野	135,400	17.7	長野	13,700	8.0	静岡	119,800	15.6
3 位	山形	15,500	9.5	岩手	47,200	6.2	茨城	13,500	7.9	愛媛	112,500	14.7
4 位	岡山	13,900	8.5	山形	41,500	5.4	福島	12,900	7.6	熊本	82,500	10.8
5 位	北海道	6,940	4.2	秋田	25,200	3.3	栃木	11,300	6.6	長崎	47,600	6.2

（農林水産省「果樹生産出荷統計」より作成）

問６　下線部６に関連して、あとの問いに答えなさい。

（１）　下の表は、太平洋ベルトに属する京浜工業地帯、中京工業地帯、阪神工業地帯、北九州工業地域における工業出荷額の総額と割合を示したものです。京浜工業地帯を示しているものを表のア～エから１つ選び、記号で答えなさい。

工業出荷額の総額と割合（2019 年）

	工業出荷額	工業出荷額にしめる割合（%）				
		機械	金属	化学	食料品	その他
ア	25兆2929億円	47.0	9.4	18.7	11.6	13.3
イ	33兆6597億円	37.9	20.9	15.9	11.1	14.2
ウ	9兆9760億円	45.6	17.0	6.0	16.6	14.8
エ	58兆9550億円	68.6	9.5	6.6	4.7	10.6

（経済産業省「工業統計調査」より作成）

（２）　太平洋ベルトに位置する工業地帯または工業地域で、四大公害病の１つが発生しました。その公害病を答えなさい。

問７　下線部７に関連して、あとの問いに答えなさい。

（１）　９月に宮崎県に近づいた台風 14 号は、美郷町神門《みさとちょうみかど》で 985 ミリ、えびの市で 937 ミリ、諸塚村《もろつかそん》で 804 ミリなど記録的な大雨をもたらしました。下の２つの表は、上の３地点における降水量の過去 30 年の月ごとと年ごとの平年値（過去 30 年にどれくらいの雨が降ったのか、月ごとと年ごとに平均をとった値）を示しています。この表を正しく読み取っているものを下のア～エから１つ選び、記号で答えなさい。

３地点における降水量の月ごとの平年値（単位mm）

	1月	2月	3月	4月	5月	6月	7月	8月	9月	10月	11月	12月
えびの市	117.4	187.3	253.4	307.7	364.5	1000.7	854.1	582.8	482.6	198.3	147.6	128.8
美郷町神門	70.9	104.1	166.3	185.9	237.9	519.7	479.5	548.2	534.2	217.1	91.1	74.1
諸塚村	63.4	82.9	144.2	155.8	208.3	454.4	401.2	445.8	486.8	192.1	83.5	65.2

年ごとの平年値と台風14号による降水量（単位mm）

	年	台風14号
えびの市	4625.0	937.0
美郷町神門	3229.0	985.0
諸塚村	2784.9	804.0

（気象庁ホームページより作成）

ア．どの地点においても、１月が最も降水量が少なく、梅雨の６月が最も降水量が多い月となっている。

イ．どの地点においても、台風 14 号がもたらした降水量は大変多かったものの、その月の平年値の２倍は超《こ》えなかった。

ウ．３つの地点の中で一年間の降水量が最も多いのが、えびの市で、諸塚村の年降水量の２倍を超えている。

エ．３つの地点の中には、台風 14 号のもたらした降水量が、１年間の平年値の３分の１を超えるところがある。

（2）　今年度、７月、８月だけでも、青森、秋田、埼玉、新潟、高知、山口、福岡、佐賀、長崎など、さまざまな県で記録的な大雨が観測されました。これらの県に関連するあとの問いに答えなさい。

①　下のグラフは、秋田県秋田市、新潟県新潟市、埼玉県熊谷市、高知県高知市における月別平均気温と降水量を示したものです。高知市にあたるものを下のア～エから１つ選び、記号で答えなさい。

ア.

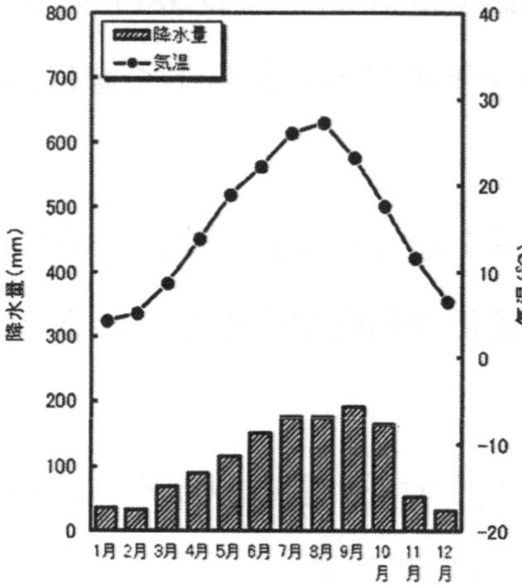

イ.

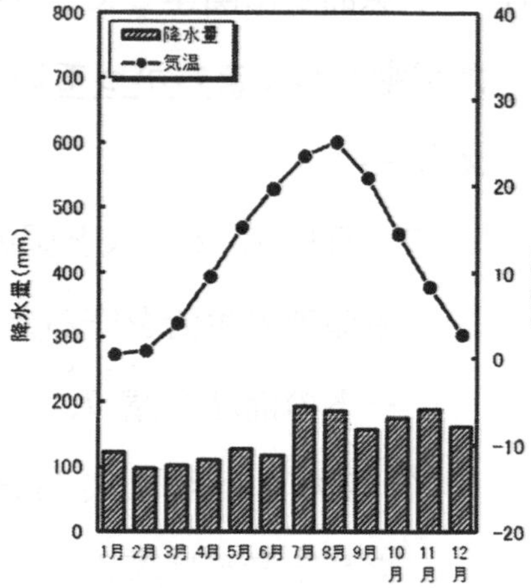

ウ.

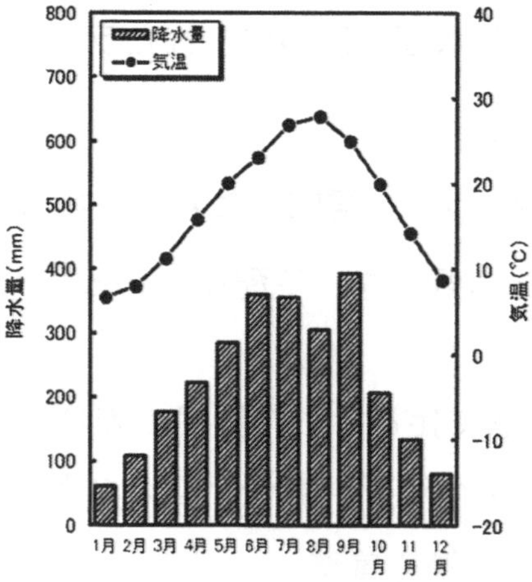

エ.

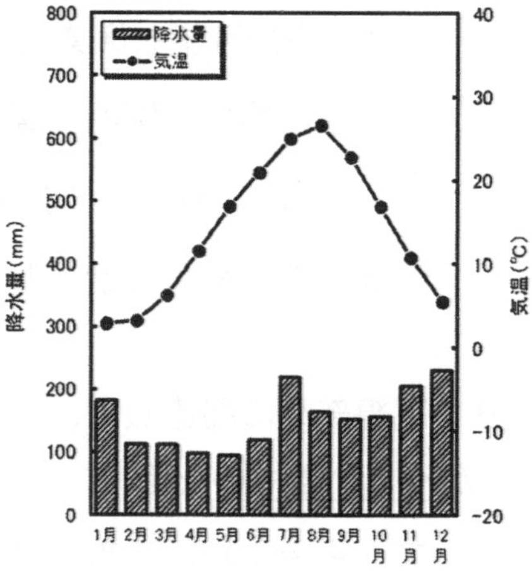

（気象庁ホームページより作成）

② 県名とその県にある世界遺産の組み合わせとして、**まちがっているもの**を下のア～エから１つ選び、記号で答えなさい。

ア．福岡県：官営八幡製鉄所《かんえいやはたせいてつじょ》

イ．長崎県：大浦天主堂《おおうらてんしゅどう》

ウ．青森県：三内丸山遺跡《さんないまるやまいせき》

エ．山口県：姫路城《ひめじじょう》

問８　下線部８に関連して、「持続可能な開発目標（SDGs）」の達成に向けた行動として**まちがっているもの**を下のア～エから１つ選び、記号で答えなさい。

ア．目標10番「人と国の不平等をなくそう」達成のために、外国の生産者の生活を守るために、適正な価格で販売しているフェアトレードの商品を購入《こうにゅう》する。

イ．目標12番「つくる責任 つかう責任」達成のために、食品は食べきれる量だけ購入し、食品ロスを減らす。

ウ．目標14番「海の豊かさを守ろう」達成のために、海のエコラベル（持続可能な漁業でとられた水産物につけられたラベル）のついた水産物を積極的に購入する。

エ．目標15番「陸の豊かさも守ろう」達成のために、北海道の親せきが地産地消で購入した地元の野菜を、宅配便で送ってもらう。

問９　下線部９に関連して、日本国憲法に定められた国民の義務として**まちがっているもの**を下のア～エから１つ選び、記号で答えなさい。

ア．税金を納める義務　　イ．働く義務

ウ．投票の義務　　エ．子どもに教育を受けさせる義務

2 次の文章を読んで、あとの問いに答えなさい。

日向学院はミッションスクールです。今日は少しキリスト教の歴史をたどってみましょう。1キリスト教を初めて日本に伝えたのは、宣教師の（　　A　　）です。宣教師《せんきょうし》は主に貿易船に乗って日本にやってきました。2この時代の貿易を南蛮貿易といい、ヨーロッパの（　　B　　）や（　　C　　）が主な貿易相手国でした。（　　A　　）は西日本をまわりながらキリスト教の教えを広め、キリスト教を信じる戦国大名も現れました。3天下統一を目指した（　　D　　）は、当時強い力をもっていた仏教勢力を武力でしたがわせる一方で、キリスト教は保護しました。そして、安土にはキリスト教の学校、京都には教会堂を建てることを許可しました。（　　D　　）が亡くなった 1582 年に、キリスト教を信じる九州の大名が、４人の少年をローマへ向けて派遣しました。4江戸時代に入るころにはキリスト教の信者は 30 万人をこえるほどになっていました。しかし江戸幕府は、5キリスト教を禁止し、信者を取りしまるようになりました。さらに、宣教師や貿易船の出入りを制限し、人々が海外に行くことや海外から帰ってくることを禁止しました。また、貿易の相手国を、キリスト教を広めることのないアジアの（　　E　　）とヨーロッパの（　　F　　）に限定しました。6明治時代になると、人々の間に7西洋の考え方が紹介されるようになり、西洋の制度や技術も導入されるようになりました。そのなかでキリスト教の信仰も事実上黙認《もくにん》され、信者が増えていきました。現在、日本のキリスト教徒は約 190 万人いますが、その歴史は時代の影響《えいきょう》を大きく受けてきたことがわかります。

問１　（　　A　　）～（　　F　　）に適語を入れなさい。

問２　下線部１に関連して、この時代に初めて日本に伝えられたものを次のア～エから１つ選び、記号で答えなさい。

ア．鉄砲　　イ．絹　　ウ．仏教　　エ．青銅器

問３　下線部２に関連して、それ以前に起こったできごとア～エを時代が古い順に並び変えなさい。

ア．聖武天皇が東大寺を建てた。
イ．清少納言が『枕草子』を書いた。
ウ．足利尊氏が征夷大将軍になった。
エ．中大兄皇子らが蘇我氏を滅ぼした。

問４　下線部３について、豊臣秀吉について述べた文とし正しいものを次のア～オから<u>すべて</u>選び、記号で答えなさい。

ア．関ヶ原の戦いに参加した。
イ．検地を行った。
ウ．摂政になった。
エ．大阪城を築いた。
オ．明を征服した。

問５　下線部４について、次の資料は大名の配置を示しています。大名の配置について幕府が工夫した点を、「外様」という語句を用いて説明しなさい。

問６　下線部５ついて、その理由として正しいものを次のア～エから１つ選び、記号で答えなさい。

ア．キリスト教徒が仏教徒よりも増えそうだったため。

イ．キリスト教徒が儒学者よりも増えそうだったため。

ウ．幕府がキリスト教ではなく道教を重んじていたため。

エ．キリスト教徒が命令に従《したが》わなくなるのを幕府がおそれたため。

問７　江戸時代に行われた政策の中で、キリスト教に関係しているものを次のア～エから１つ選び、記号で答えなさい。

ア．参勤交代　　イ．絵踏み　　ウ．武家諸法度　　エ．目安箱

問８　下線部６について、次の資料は何をあらわしたものか、次のア～エから１つ選び、記号で答えなさい。

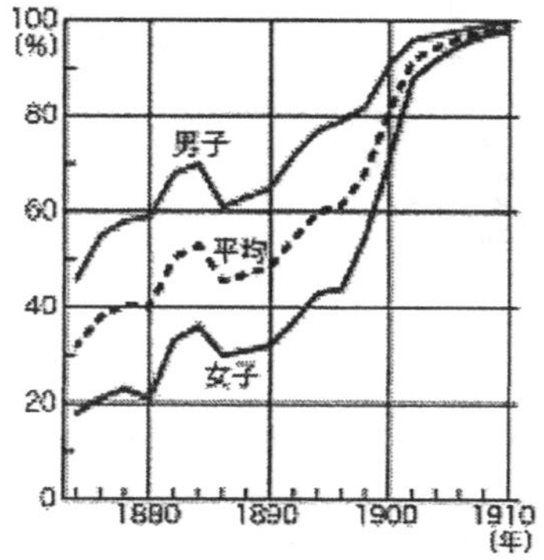

ア．識字率　　イ．納税率　　ウ．就学率　　エ．参政権取得率

問９　下線部７について、関係するものとして正しいものを次のア～エから１つ選び、記号で答えなさい。

ア．ああ弟よ、君を泣く、君死にたもうことなかれ、

イ．天は人の上に人を造らず人の下に人を造らずと言えり。

ウ．将軍の許可なしに、大名同士で結婚してはいけない。

エ．着物には、麻や木綿を使い、絹織物を用いてはならない。

****

日向学院中学校入学試験問題

****

令和５年度

（Ａ日程）

算　数

［１月３日　第４限　11:25　～　12:15］
（50分　100点）

＃教英出版 編集部　注
編集の都合上、計算らんは省略しています。

受験上の注意

1　「始め」の合図があるまで、このページ以外のところを見てはいけません。

2　問題は [1] ～ [5] まであります。

3　答は必ず解答用紙に記入しなさい。解答用紙はこの冊子の間にはさんであります。

4　試験開始１分前に監督の先生の指示により、抜けているページがないかの確認をします。抜けているページがあったときは、だまって手をあげてください。

5　「始め」の合図があったら、まず解答用紙に受験番号、氏名を記入してください。

6　印刷がはっきりしなくて読めないときは、だまって手をあげてください。問題内容や答案作成上の質問は認められません。

7　「やめ」の合図があったら、すぐ鉛筆《えんぴつ》をおき、解答用紙は裏返しにして机の上に置いてください。

1 次の計算をしなさい。

(1) $103-67+12$

(2) $\frac{2}{3}-\frac{1}{4}$

(3) $3-\frac{3}{4}\times\frac{8}{9}$

(4) $0.45\div0.3\times3$

(5) $51-\{38-(14-5)\}$

2 次の各問いに答えなさい。

(1) 次の□にあてはまる数を求めなさい。

① 48−12×□=12

② $\frac{1}{3}$: $\frac{1}{4}$ = 2 : □

(2) 1500円で仕入れた品物に，2割の利益を見込んで定価をつけました。定価はいくらか求めなさい。ただし，消費税は考えないものとします。

(3) 太郎さんは国語，社会，理科のテストを受け，3教科の得点の平均が75点でした。算数を加えた4教科の平均が78点になるためには，算数のテストで何点をとればよいか求めなさい。

(4) 1か月の支出に対する食費の割合を調べたら，10月は20％でしたが，11月は25％でした。10月の食費をもとにすると，11月の食費は何％増えたのか求めなさい。ただし、10月と11月の支出額は同じです。

(5)　次のような数の列があります。

２，５，９，１４，２０，……

a 番目の数を表す式を次から選び，ア～エの記号で答えなさい。

ア　$2\times a$　　イ　$4\times a\div 2$　　ウ　$(3+a)\times a\div 2$　　エ　$3\times a-1$

(6)　右の表は，あるクラスの 20 人の 10 点満点の計算テストの結果です。得点の最頻値（さいひんち）と中央値を求めなさい。

計算テスト(点)				
7	8	7	6	10
5	6	9	8	6
8	7	6	7	8
9	8	9	8	7

(7)　おとなと子ども合わせて 48 人が集まりました。おとなは，男性と女性合わせて 13 人いました。子どもは，男性が女性より 1 人多かったです。女性全体の 68 ％が子どものとき，おとなの男性の人数を求めなさい。

3　次の各問いに答えなさい。

(1)　２つの三角定規を図のように重ねるとき，Ⓐの角の大きさを求めなさい。

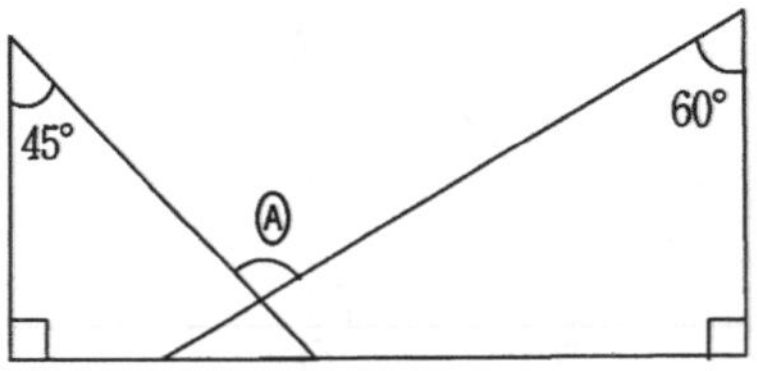

(2)　直径 8 cmの半円があります。色をつけた部分の面積を求めなさい。ただし，円周率は 3.14 とします。

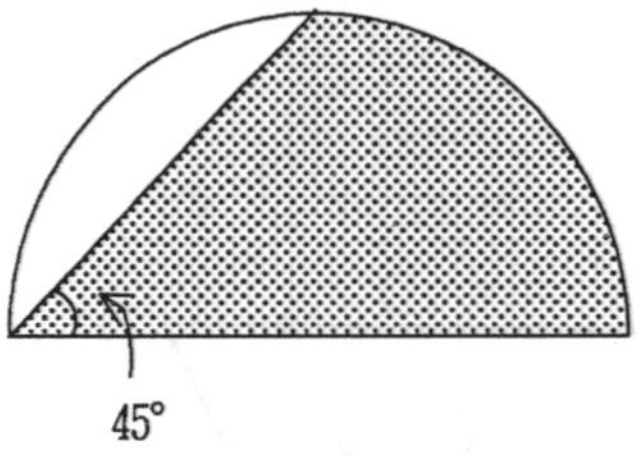

(3)　下の図のように，底面の半径が 4 cm，高さが 8 cm の円柱のいれもの A と，底面の半径が 8 cm，高さが 8 cm の円柱のいれもの B があります。A に水をいっぱいに満たし，その水をすべて B に移したとき，B の水の深さを求めなさい。

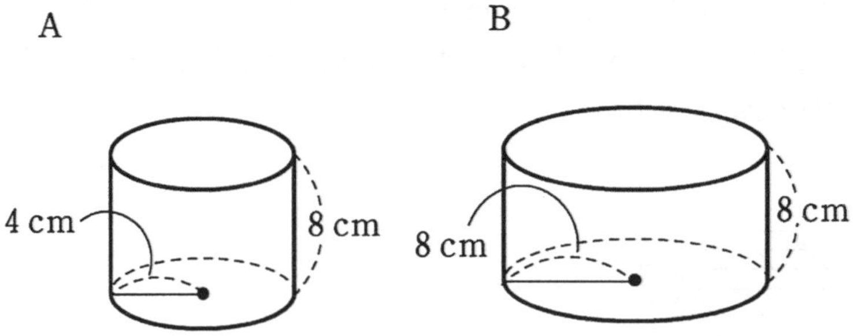

(4)　半径3 cm，中心角90°のおうぎ形があります。このおうぎ形をアの位置から，矢印の向きに直線上をすべらないように，初めてイの位置になるまで転がします。点Oが通ったあとの線の長さを求めなさい。ただし，円周率は3.14とします。

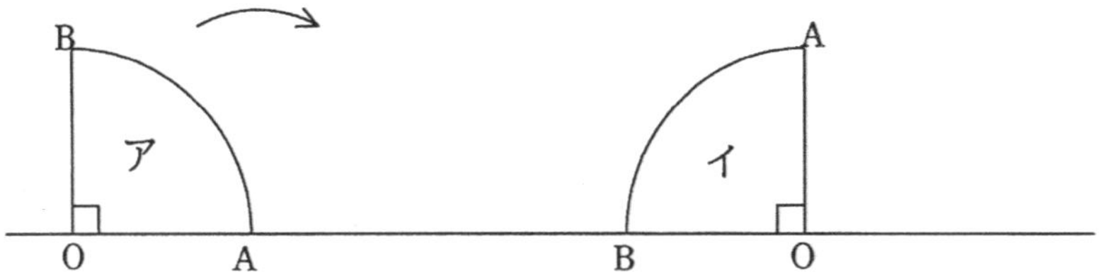

(5)　三角すいとその展開図があります。点EとFは，辺AC，辺ADのそれぞれまん中の点です。下の図のように，点Bから，E，Fを通って，点Bまでひもをかけました。ひもの様子を，展開図にかき入れなさい。

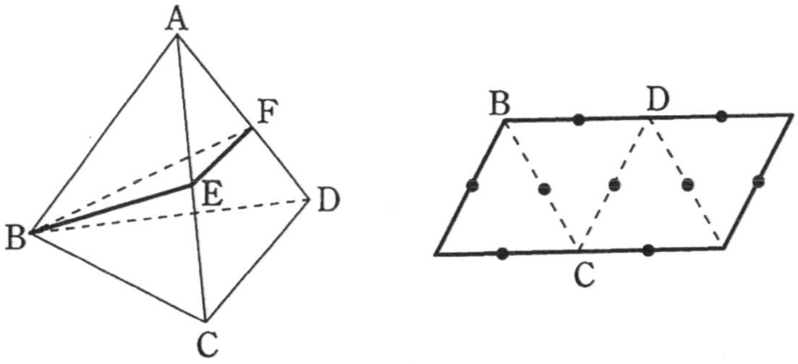

(6)　下の図のように小さい立方体を縦，横，高さに4個ずつ積み上げて，大きな立方体を作りました。色をつけた小さい立方体を大きな立方体の反対側までくりぬいたとき，くり抜かれていない小さい立方体の個数を求めなさい。

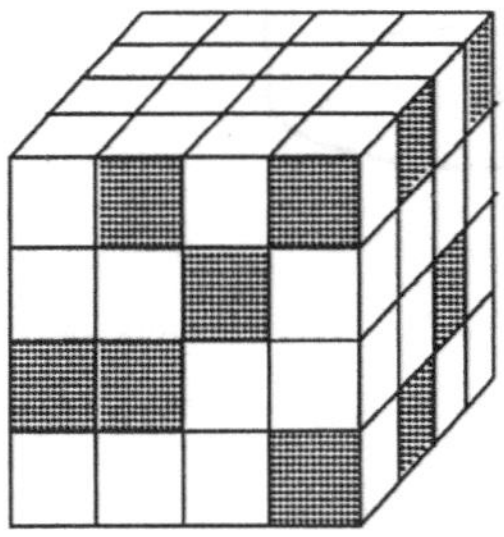

4 太郎さんは 自転車に乗り，9 時に家を出発し，途中の公園を通って，本屋に着きました。本屋では，15分間買い物をしました。帰りは，途中公園で 20 分間遊んでから，家に帰りました。

太郎さんの行きと帰りの速さの比は，5 : 4 です。下のグラフは，時刻と太郎さんの家からの道のりを表したものです。

このとき，次の各問いに答えなさい。

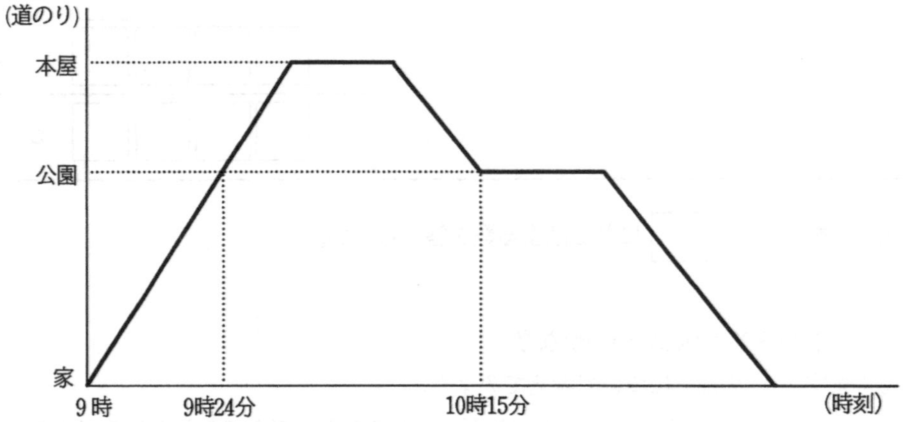

(1) 太郎さんが往復して家にとう着した時刻を求めなさい。

(2) 家から公園までの道のりを 4.8 kmとするとき，帰りの速さは時速何kmになりますか。

(3) 太郎さんが本屋を出発する時刻を求めなさい。

5　太郎さんと花子さんが次の問題について考えています。

問題

右の□には0から9の整数が入ります。

ア～エに入る数を求めなさい。

			ア	イ	ア	
×				ウ	エ	
			6	□	5	…Ⓐ
	□	□	□	□		…Ⓑ
	□	□	□	□	5	

次の会話文を読んで，□にあてはまる数を答えなさい。

花子さん：どこから考えればいいのかな？

太郎さん：まず，Ⓐの部分について考えてみよう。

太郎さん：２つの数のかけ算で，一の位の数が5になるときを考えてみたらどうだろう。

花子さん：ア×エの計算を考えると，アとエのどちらかは［①］になるね。

太郎さん：そうだね。百の位の数のことを考えると，アとエのもう一方の数は［②］になるね。百の位の数に着目すると，アは［②］，エは［①］になるね。

次に，イには何が入るかな？

花子さん：計算結果の百の位の数が6だから，イには2か3が入るのか！

太郎さん：そうだね。じゃあ次はⒷの部分について考えてみよう。

太郎さん：まず，イに2が入る場合。計算の結果が4けたになっているから，ウに入る数字は大きい数だね。

花子さん：そうか！あてはめてみると，ウに入る数字は［③］しかないね。

太郎さん：この結果をもとに計算したら答えはどうなる？

花子さん：１１４９５だ。

太郎さん：イに3が入る場合。さっきと同じように考えると，計算の結果が4けたになってるから，ウに入る数字は何かな？

花子さん：［③］か［④］のどちらかだ。

太郎さん：式に当てはめて計算するとどうなる？

花子さん：１２４４５と１１１３５だね。

太郎さん：正解！！

問6

問7

二

問1
1
2
3
4
5

問2
a
b

問3
A
B

問4

問5

問6
あ
い

問7

問8

※50点満点
（配点非公表）

令和５年度
理科解答用紙

受験番号		氏　名	

1

問１							
問２	(1)						
	(2)		(3)				
問３		問４	ア		イ		

2

問１	A		B		C		D		E	

※50点満点
（配点非公表）

令和５年度　Ａ日程入試

社会　解答用紙

受験番号		氏　名	

1

問1	(1)		(2)	記号		島の名前	

問2	(1)		(2)		問3	第　　　条

問4	(1)	沖縄県では山や森林が

問4	(2)		問5		問6	(1)		(2)	

問7	(1)		(2)	①		②		問8		問9	

問

【解答用

※100点満点
（配点非公表）

令和５年度　Ａ日程入試

算数　解答用紙

受付番号		氏　名	

1

(1)	(2)	(3)	(4)	(5)

2

(1)		(2)	(3)	(4)
①	②	円	点	%
(5)	(6)		(7)	
	最頻値　点	中央値　点	人	

【解答用

度	cm^2	cm	cm

(5)	(6)
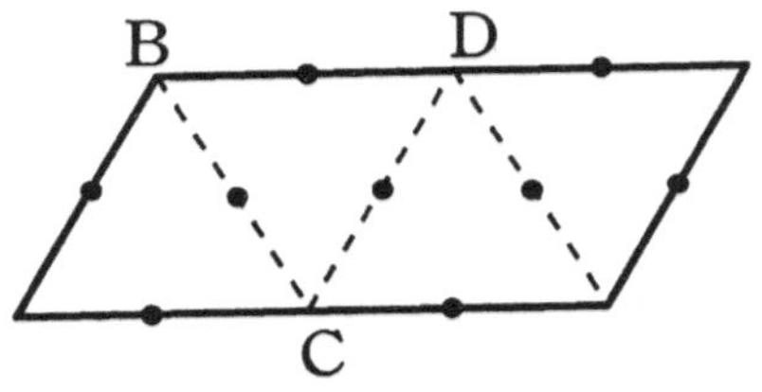	個

4

(1)	(2)	(3)
時　　分	時速　　km	時　　分

5

①	②	③	④

D		E		F	

問2		問3	→ → →	問4	

問5	

問6		問7		問8		問9	

3

問 1	①		②		③		④	
問 2		問 3		問 4		問 5	
問 6		問 7		問 8			

4

問 1		問 2		問 3	℃		
問 4		問 5	(1)	mm	(2)	mm	

令和五年度　A日程入試

国語　解答用紙

受験番号

氏名

※100点満点
（配点非公表）

一

問1
1
2　って
3　べた
4　えず
5　まれる

問2
あ
い
う
え

問3

問4

問5
1
2
3

****

日向学院中学校入学試験問題

****

令和４年度

（Ａ日程）

国　　語

［１月３日　第１限　９：00　～　９：40］
（40分　100点）

受験上の注意

1　「始め」の合図があるまで、このページ以外のところを見てはいけません。
2　問題は 一 ～ 三 まであります。
3　答は必ず解答用紙に記入しなさい。解答用紙はこの冊子の間にはさんであります。
4　「始め」の合図があったら、まず解答用紙に受験番号、氏名を記入しなさい。
5　印刷がはっきりしなくて読めないときは、だまって手をあげなさい。問題内容や答案作成上の質問は認められません。
6　「やめ」の合図があったら、すぐ鉛筆《えんぴつ》をおき、解答用紙は裏返しにして机の上に置きなさい。

K 教英出版

一　次の文章を読んで、後の問いに答えなさい。

筆者は、「雑草の成功戦略を一言でいえば※『逆境×変化×多様性』であるだろう」と考えている。次の文章はそれら三つの要素の中の「逆境」について述べた部分である。

「逆境」とは「逆境をプラスに転じる力」である。

たとえば、踏《ふ》まれながら生きることは、多くの人が雑草に持つイメージだろう。中でもオオバコという雑草の戦略は※秀逸《しゅういつ》である。オオバコは、舗装《ほそう》されていない道路やグラウンドなど、踏まれやすい場所によく生えている。じつは、オオバコは踏まれやすい場所に好んで生えているのである。

オオバコは競争に［　a　］植物なので、他の植物が生えるような場所には1セイソクできない。そこで、他の［　b　］植物が生えることのできないような、踏まれる場所を選んで生えているのである。

オオバコは踏まれに［　c　］構造を持っている。

オオバコの葉は、とても柔《やわ》らかい。硬《かた》い葉は、踏まれた衝撃《しょうげき》で傷《きず》つきやすいが、柔らかい葉で衝撃を吸収《きゅうしゅう》するようになっているのである。しかし、柔らかいだけの葉では、踏まれたときにちぎれてしまう。そこで、オオバコは葉の中に硬い筋《すじ》を持っている。このように、柔らかさと硬さを併《あわ》せ持っているところが、オオバコが踏まれに［　c　］秘密《ひみつ》である。

茎《くき》は、葉とは逆に外側が硬くなかなか切れない。しかし、茎の内側は柔らかいスポンジ状になっていて、とてもしなやかである。茎もまた硬さと柔らかさを併せ持つことによって、踏まれに強くなっているのである。

ヘルメットが、外は固いが中はクッションがあって柔らかいのと、まったく同じ構造なのである。

「A」という言葉がある。

見るからに強そうなものが強いとは限らない。柔らかく見えるものが強いことがあるかも知れないのである。

昆虫《こんちゅう》学者として有名なファーブルは、じつは『ファーブル植物記』もしたためている。その植物記のなかで、ヨシとカシの木の物語が出てくる。

ヨシは[2]ミズベに生える細い草である。ヨシは突風《とっぷう》に倒《たお》れそうになったカシにこう語りかける。カシはいかにも立派《りっぱ》な大木だ。しかし、ヨシはカシに向かってこう語りかける。

「私《わたし》はあなたほど風が怖《こわ》くない。折れないように身をかがめるからね」

日本には「柳《やなぎ》に風」ということわざがある。カシのような大木は※頑強《がんきょう》だが、強風が来たときには持ちこたえられずに折れてしまう。ところが、細くて弱そうに見える柳の枝は風になびいて折れることはない。弱そうに見えるヨシが、強い風で折れてしまったという話は聞かない。柔らかく外からの力をかわすことは、[3]強情に力くらべをするよりもずっと強いのである。

柔らかいことが強いということは、若《わか》い読者の方にはわかりにくいかも知れない。正面から風を受け止めて、それでも負けないことこそが、本当の強さである。ヨシのように強い力になびくことは、ずるい生き方だと若い皆《みな》さんは思うことだろう。

しかし、風が吹《ふ》くこともまた※自然の節理である。風は風で吹き抜《ぬ》けなければならない。自然の力に逆らうよりも、自然に従《したが》って自分を活《い》かすことが大切である。

この自然を受け入れられる「［B］こそ」が、本当の強さなのである。

オオバコは、柔らかさと硬さを併せ持って、踏まれに強い構造をしている。

しかし、オオバコのすごいところは、踏まれに対して強いというだけではない。

オオバコの種子は、雨などの水に濡《ぬ》れるとゼリー状の粘着《ねんちゃく》液を出して※膨張《ぼうちょう》する。そして、人間の靴《くつ》や動物の足にくっついて、種子が運ばれるようになっているのである。オオバコの学名はPlantago。これは、足の裏《うら》で運ぶという意味である。タンポポが風に乗せて種子を運ぶように、オオバコは踏まれることで、種子を運ぶのである。

よく、道に沿《そ》ってどこまでもオオバコが生えているようすを見かけるが、それは、種子が車のタイヤなどについて広がっているからなのだ。

こうなると、オオバコにとって踏まれることは、耐《た》えることでも、克服《こくふく》すべきことでもない。もはや踏まれないと困《こま》るくらいまでに、①踏まれることを利用しているのである。

「逆境をプラスに変える」というと、「物事を良い方向に考えよう」という※ポジティブシンキングを思い出す人もいるかも知れない。

しかし、雑草の戦略は、そんな気休めのものではない。もっと具体的に、②逆境を利用して成功するのである。

（　1　）、雑草が生えるような場所は、草刈《か》りされたり、耕されたりする。ふつうに考えれば、草刈りや※耕起は、植物にとっては生存《せいぞん》を危《あや》ぶまれるような大事件である。（　２　）、雑草は違《ちが》う。草刈りや耕起をして、茎がちぎれちぎれに切断されてしまうと、ちぎれた断片《だんぺん》の一つ一つが根を出し、新たな芽を出して再生する。（　３　）、ちぎれちぎれになったことによって、雑草は増えてしまうのである。

（　４　）、きれいに草むしりをしたつもりでも、しばらくすると、一斉《いっせい》に雑草が芽を出してくることもある。じつは、地面の下には、膨大な雑草の種子が芽を出すチャンスを伺《うかが》っている。一般《いっぱん》に種子は、暗いところで4発芽をする性質を持っているものが多いが、雑草の種子は光が当たると芽を出すものが多い。

　草むしりをして、土がひっくり返されると、土の中に光が差し込《こ》む。光が当たるということは、ライバルとなる他の雑草が取り除《のぞ》かれたという合図でもある。そのため、地面の下の雑草の種子は、チャンス到来《とうらい》とばかりに我《われ》先にと芽を出し始めるのである。

　こうして、きれいに草取りをしたと思っても、それを合図にたくさんの雑草の種子が芽を出して、結果的に雑草が増えてしまうのである。

　草刈りや草むしりは、雑草を除去《じょきょ》するための作業だから、雑草の生存にとっては逆境だが、雑草はそれを5逆手に取って、増殖《ぞうしょく》してしまうのである。何というしつこい存在なのだろう。

（稲垣栄洋《いながきひでひろ》　『植物はなぜ動かないのか』ちくまプリマー新書より）

※　語注

逆境……思うようにならず苦労の多い状況《じょうきょう》。

秀逸……ずばぬけてすぐれている様子。

頑強……強くしっかりしている様子。

自然の節理……自然界を支配している法則。

膨張……ふくれること。

ポジティブシンキング……物事を良い方向にとらえる考え方。

耕起……農業で土を掘《ほ》り返したり反転させたりして耕すこと。

問１　〰〰１～５のカタカナを漢字になおし、漢字は読みをひらがなで答えなさい。

問2 ［ a ］～［ c ］には、「強い」、「弱い」のどちらかのことばが入ります。その組み合わせとして最も適切なものを次の中から選んで、記号で答えなさい。

ア a 弱い b 強い c 弱い
イ a 強い b 弱い c 強い
ウ a 弱い b 強い c 強い
エ a 強い b 弱い c 弱い

問3 （ 1 ）～（ 4 ）に入る最も適切なことばをそれぞれ次の中から選んで、記号で答えなさい。（ただし、同じ記号は一回しか使えません。）

ア また
イ あるいは
ウ たとえば
エ しかし
オ つまり

問4　[A]・[B]に入る最も適切なことばをそれぞれ次の中から選んで、記号で答えなさい。

A
ア　帯《おび》に短したすきに長し
イ　百聞《ひゃくぶん》は一見にしかず
ウ　先んずれば人を制す
エ　柔《じゅう》よく剛《ごう》を制す

B
ア　強情さ
イ　柔らかさ
ウ　おだやかさ
エ　まじめさ

問5 ——①「踏まれることを利用している」とありますが、オオバコはどのようなことに利用しているのですか。「こと」に続く形で文章中から五字でぬき出して答えなさい。

問6 ——②「逆境を利用して成功する」とありますが、

（1）それはどういうことですか。「ということ」に続く形で三十五字以内でわかりやすく説明しなさい。

（2）（1）のようになるのはなぜですか。その理由を文章中から「から」に続く形で二十一字でぬき出して答えなさい。

問7　次のア〜エは、この文章を読んだ生徒たちの感想です。この中で他の三人とちがうとらえ方をしたのはだれですか。次の中から一人選んで、記号で答えなさい。

ア　太田さん——オオバコは、わざと踏まれやすい場所を選んで生えていることに感心したよ。葉っぱの構造にも秘密があるのは実におもしろいね。

イ　田中さん——踏まれやすい場所に生えると仲間を増やすことにつながるなんてすごいね。自然のしくみとはよくできたものだと思うよ。

ウ　中村さん——オオバコは硬さだけでなく柔らかさも持っていることを初めて知って驚いたよ。柔らかいことが強いということは、よくわかるよね。

エ　村上さん——自然の力はすごいね。人間もオオバコのような雑草を見習って硬さと柔らかさの両方を持つべきだね。

二

次の文章を読んで、後の問いに答えなさい。（作問の都合上、表記を改《あらた》めた箇所《かしょ》があります）

「うみか」は「私《わたし》」の一歳《さい》下の小学五年生の妹である。「私」は毎月発行される教育雑誌《ざっし》『6年の学習』を、妹「うみか」は『5年の科学』を購入《こうにゅう》し、姉妹で交換《こうかん》して読んでいる。

「お姉ちゃん」

話しかけられて「ん？」と『5年の科学』から顔を上げると、うみかが「お願いがあるんだけど」と話しかけてきた。

「来月から『6年の科学』を買ってくれない？」

「え」

うみかが「お願い」と頭を下げた。この子にこんなふうにされたことは、こ※れまで一※度もなかった。うみかが開いた『6年の学習』の裏《うら》表紙の見返しに、来月の『科学』と『学習』両方の1ヨコクが出ていた。見て、あっと思う。『科学』の方に、『特集・宇宙《うちゅう》はついにすぐそこに』の文字が見えた。

気持ちが［　A　］した。

クラスの子の中には、『科学』と『学習』両方を買っている子もいる。だけど、うちはそういう家じゃなかった。まだ一年生の頃《ころ》、お母さんから、片方《かたほう》だけだとa釘《くぎ》を刺《さ》された。
「いやだよ」と、反射《はんしゃ》的に声が出た。
あんまりなんじゃないか。うみかがどれだけ宇宙のことを好きか知らないけど、だからってそのために私から楽しみを奪《うば》う権利《けんり》なんかない。だいたい、普段《ふだん》あんなに生意気な態度を取ってるくせに、こんな時だけ調子いい。
「私だって、『学習』が楽しみなんだもん。いいじゃん、五年の読んでれば。来年になれば、嫌《いや》でもあんた六年になるでしょ」
「今年じゃなきゃ、ダメだと思う。お願い、お姉ちゃん」
①すぐに折れると思ったのに、食い下がったのがさらに生意気に思えた。私だって、『5年の学習』を読むの我慢《がまん》して、一度だってうみかに頼《たの》んだことなんかなかったのに。睨《にら》みつけると、うみかが思いがけず、必死な声で続けた。
「今年の『科学』は、特別なの」
※「どうして？」
「毛利《もうり》さんが、九月に、宇宙に行くから」
私はb呆気《あっけ》に取られた。うみかの目は真剣《しんけん》だった。「お願い」とまた、くり返す。
「五年のより詳《くわ》しく、そのことが載《の》るかもしれない。今年じゃなきゃ、ダメなの」
「……そんなに好きなの？」
毛利さんや宇宙への情熱のせいなのか、それとも私とケンカして興奮《こうふん》してるだけなのか、

わからないけど、うみかの目が赤くなっていた。こくん、と無言で頷《うなず》いて顔を伏《ふ》せる。開きっぱなしの来月のヨコクページに、ぽとっと涙《なみだ》の粒《つぶ》が落ちた。

二人してお母さんに、『6年の科学』『6年の学習』、両方を買ってくれるように頼みに行く。お母さんは「ふうん」と頷いた後で、うみかに「じゃあ、頑張《がんば》らなきゃね」とつげた。「うみか、逆上がりできるようになった？」

うみかの全身に「　Ｂ　」電気が通ったように見えた。痛《いた》いところ突《つ》かれたっていう顔だ。

「うみかだけできなくて居残りになったって、この間泣いてたでしょう？　みんなに笑われたって」

うみかは答えなかった。私は驚《おどろ》いていた。

この子が悔《くや》しがるとか、人の目を気にするところなんて想像できない。何かの間違いなんじゃないかと思っていたら、お母さんが「好き嫌《きら》いが多いからよ」とうみかに言い、さっさと台所に戻《もど》ってしまう。

結局、『6年の科学』の追加がオーケーになったのかどうかはわからないままだった。

その日の夕食、うみかがナポリタンのピーマンを、時間をかけて丸呑《の》みする音が、横の私にまで聞こえた。顔色を悪くしながら、無理して片《かた》づけていた。

うみかは捉《とら》えどころがない。

ピアニカを忘《わす》れた、その日もそうだった。五年の教室を訪《たず》ねて貸してくれるように頼むと、うみかが少しだけ不思議そうな表情を浮かべた。［　Ｃ　］したような、息を呑むような。

　だけどすぐに「わかった」と頷いて、水色のピアニカケースを持ってきてくれる。

　ひょっとして、ピアニカのホースで2カンセツキスになるのが嫌《いや》なのかもしれない。だけど、別にいいじゃないか、姉妹《きょうだい》なんだから。他の学年にどれだけ仲がいい3トモダチがいたって、さすがにピアニカは借りられないだろうけど、姉妹だったらそれができる。私は得した気分だった。

　びっくりしたのは、授業の後、借りたピアニカを返しに行った時だった。うみかの近くにいた五年生が「あれ、うみかちゃん、ピアニカあったの？」と私たちに声をかけてきた。

「忘れたんだと思ってた。お姉ちゃんが持ってきてくれたのに、間に合わなかったの？」

「うん」

　頷くうみかは［　Ｘ　］。ピアニカの側面に書かれた平仮名のうみかの名前が、私たちの間で間抜《まぬ》けに浮《う》き上がって見えた。私は自分のミスを悟《さと》る。あの不思議そうな表情の意味はこれか。

「――同じ時間、だったの？」

「そう」

「言ってくれればよかったのに」

「だって」

短く答えるうみかの4口調に怒《おこ》っているそぶりはなかったけど、②それがよりいっそう私にはこたえた。ピアニカを忘れてみんなの間に黙《だま》って座る妹を想像する。六年の教室からも、きっと私たちのピアニカの音が聞こえてきたはずだ。その音を聞きながら、下の階で座り続ける気持ちはどんなものだっただろう。

唇《くちびる》を引き結ぶと同時に、胸《むね》の奥《おく》が［　Ｄ　］痛《いた》んだ。素直に言葉で5アヤマることができないほど、気まずかった。

「逆上がりの練習、してる？」

尋《たず》ねていた。③うみかがぱちくりと目を瞬《しばたた》く。

私は逆上がり、得意だった。

「一緒《いっしょ》に練習しよう」

④罪滅《つみほろ》ぼし、というほどの意識はそれほどなかった。ただ、一人きりみんなのピアニカ練習を見つめる妹を想像したら、それが逆上がりの居残りをさせられる姿《すがた》と重なって、私の胸を締《し》めつけた。

うみかをバカになんかさせない、と強く感じたのだ。

（辻《つじ》村《むら》深《み》月《づき》『１９９２年の秋空』より）

※語注

『科学』・『学習』……いずれも小学生対象の雑誌。他学年のものは買うことができない。

毛利さん……１９９２年、日本人初のスペースシャトルで宇宙へ行った宇宙飛行士。

問１　〰〰〰１～５のカタカナを漢字になおし、漢字は読みをひらがなで答えなさい。

問２　「　Ａ　」～「　Ｄ　」に入る最も適切なことばをそれぞれ次の中から選んで、記号で答えなさい。（ただし、同じ記号は一回しか使えません。）

ア　ぴりっと
イ　だらっと
ウ　ざわっと
エ　きゅっと
オ　きょとんと

問3 ━━a「釘を刺された」、b「呆気に取られた」の意味をそれぞれ次の中から選んで、記号で答えなさい。

a 釘《くぎ》を刺《さ》された

ア あらかじめ注意をされた
イ 前もってきびしく叱《しか》られた
ウ あとからきつく責められた
エ のちのちゆるしてもらった

b 呆気《あっけ》に取られた

ア 怒りがこみあげてきた
イ 信じられなくなった
ウ 何もわからなくなった
エ 驚いてぽかんとした

問4 ――①「すぐに折れる」とは、だれがどのようにすることですか。説明しなさい。

問5 [X]に入る最も適切なことばを次の中から選んで、記号で答えなさい。

ア 涙ぐんでいた
イ あせっていた
ウ 落ち着いていた
エ 興奮《こうふん》していた

問6 ━━②「それがよりいっそう私にはこたえた」とありますが、このときの「私」の気持ちの説明として最も適切なものを次の中から選んで、記号で答えなさい。

ア　いつも口答えする「うみか」がこのときばかりは妙《みょう》に素直で正直な態度を取ることに驚く気持ち。

イ　姉を助けるために自分を犠牲《ぎせい》にした「うみか」は怒って当然なのに怒らないからますます申し訳《わけ》なく思う気持ち。

ウ　ピアニカを貸すことで姉に対して今後優位《ゆうい》に立とうとする「うみか」の作戦に気づいて悔《くや》しがる気持ち。

エ　本当は怒っているのに姉の前ではそれをわざと隠《かく》す妹の演技力に対して立派《りっぱ》なものだと褒《ほ》めたい気持ち。

問7 ――③「うみかがぱちくりと目を瞬く」とありますが、ここから「うみか」のどのような気持ちが読み取れますか。最も適切なものを次の中から選んで、記号で答えなさい。

ア 今まで逆上がりの練習をサボっていたことを見抜《ぬ》く姉を尊敬《そんけい》する気持ち。
イ 逆上がりができないことをまだ覚えている姉を恨《うら》みがましく思う気持ち。
ウ 急に逆上がりの練習に付き合ってくれる姉をありがた迷惑《めいわく》に思う気持ち。
エ 突然《とつぜん》逆上がりの練習のことを言い出す姉に驚き、わけがわからない気持ち。

問8 ――④「罪滅ぼし」とありますが、これはどんなことに対するどのような行動のことですか。文章中のことばを使って説明しなさい。

****

日向学院中学校入学試験問題

****

令和４年度

（Ａ日程）

理　科

［１月３日　第２限　9:55　～　10:25］
（30分　50点）

受験上の注意

1　「始め」の合図があるまで、このページ以外のところを見てはいけません。
2　問題は 1 ～ 4 まであります。
3　答は必ず解答用紙に記入しなさい。解答用紙はこの冊子の間にはさんであります。
4　「始め」の合図があったら、まず解答用紙に受験番号、氏名を記入しなさい。
5　印刷がはっきりしなくて読めないときは、だまって手をあげなさい。問題内容や答案作成上の質問は認められません。
6　「やめ」の合図があったら、すぐ鉛筆《えんぴつ》をおき、解答用紙は裏返しにして机の上に置きなさい。

1 次の文章を読み、以下の各問いに答えなさい。

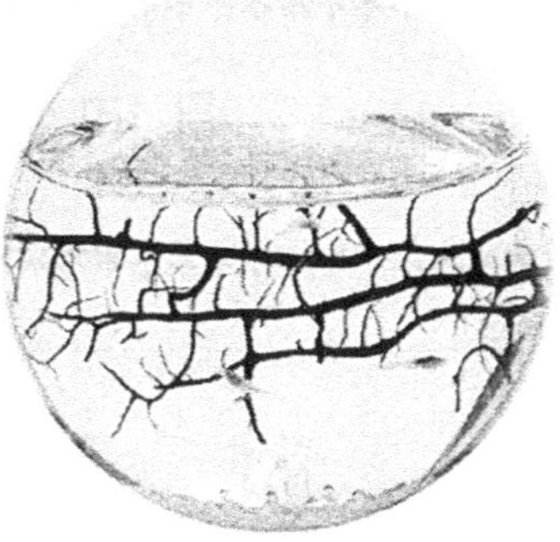

右図は「エコスフィア」とよばれる水そうの写真です。この水そうは密閉《みっぺい》されたガラス容器の中に、海水・空気・①海藻《かいそう》・エビ・砂《すな》などをバランスよく入れたものです。密閉されているので、外から水を加えたり、エビにえさをあたえたりすることができません。ところが、条件を整えると数年間もエビは生き続けることができるのです。その条件の中の一つが、適切に光を当てることです。これによって海藻が成長し、②エビは海藻を食べて生きるのです。また③エビと海藻はおたがいに必要とするものをつくることで助け合っている面もあります。ただし、そのバランスを保つことは難しく、光の量が少なすぎても多すぎてもだめなのです。

この「エコスフィア」は地球の環《かん》境のモデルとしてつくられ研究されました。研究者たちは環境のバランスを保つことがとても難《むずか》しいことを知り、持続可能な社会を実現するためにさまざまな活動を行っています。

問1　下線部①について、海藻は陸上の植物と同じように光があたると、ヨウ素液に反応するある養分をつくります。この養分の名前を答えなさい。

問2　下線部②について、エビは吸収《きゅうしゅう》した養分を中腸腺《ちゅうちょうせん》とよばれるつくりにたくわえます。これと同じはたらきをする、ヒトのからだのつくりの名前を答えなさい。

問3　下線部③について、エビもヒトと同じように「にょう」を出し、この「にょう」の中にふくまれている不要なものは、結果的に海藻の養分になります。ヒトの場合の「にょう」をつくる、からだのつくりの名前を答えなさい。

問４　エコスフィアに適度な光を当てると、容器内の酸素の量はほとんど変化しませんでした。このとき酸素の量が変化しない理由を説明しなさい。

問５　生物どうしは、植物が動物に食べられ、その動物もほかの動物に食べられるなど、食べる食べられるの関係でつながっています。このひとつながりのことを何といいますか。

問６　近年の環境問題の一つとしてマイクロプラスチックが挙げられます。マイクロプラスチックについての文として誤《あやま》っているものを下の**ア**～**エ**から一つ選び、記号で答えなさい。

ア　マイクロプラスチックを食べた小魚を大型の魚が食べ、それらの魚をヒトが食べることでヒトの体に取りこまれてしまう危険《きけん》があるといわれている。

イ　マイクロプラスチックが大量に海に流れこみ、海水中の栄養分が増えることで赤潮《あかしお》などの原因になるといわれている。

ウ　マイクロプラスチックを食べてしまった動物のからだの中にたまってしまい、その動物が死んでしまう可能性がある。

エ　マイクロプラスチックは非常に分解されにくいため、いつまでも海水中に残ってしまうといわれている。

2　ある日、花子さんはお母さんとキャンプに行きました。料理をするためにまきを使って火をおこそうとしましたが、何度やってもすぐに消えてしまい、うまくまきを燃やすことができませんでした。お母さんがまきの並《なら》べ方を変えて火をつけると、まきは勢いよく燃えておいしい料理をつくることができました。家に帰ってきたあと、花子さんは自分のまきの並べ方に問題があったと考え、ものが燃えるしくみを調べることにしました。これについて、以下の各問いに答えなさい。

問１　下の**ア**～**エ**のように、びんの中にろうそくを入れて、火をつけました。火をつけた後、燃え続けると考えられるのはどれですか。下の**ア**～**エ**から２つ選び、記号で答えなさい。

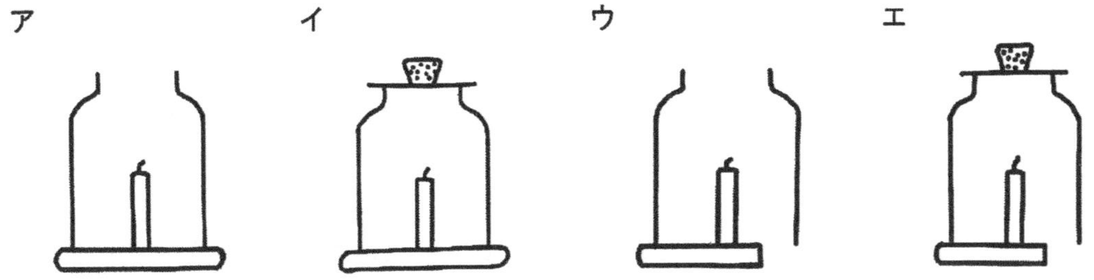

問２　問１でその答えを選んだ理由を「空気」という言葉をつかって答えなさい。

問３　ものが燃える前の空気と、ものが燃えたあとの空気を比べると、ふくまれる割《わり》合が増えた気体がありました。この気体の名前を答えなさい。

問４　問３の気体がある水よう液にふれると、白くにごる性質があります。その水よう液とは何ですか。水よう液の名前を答えなさい。

問５　図のように、大きなふたのついたビンの中に、長さの異《こと》なる２本のろうそくを立てて、ふたをしました。ろうそくの火が消える順番について書いた次の文の①・②から、適当な言葉をそれぞれ選んで答えなさい。

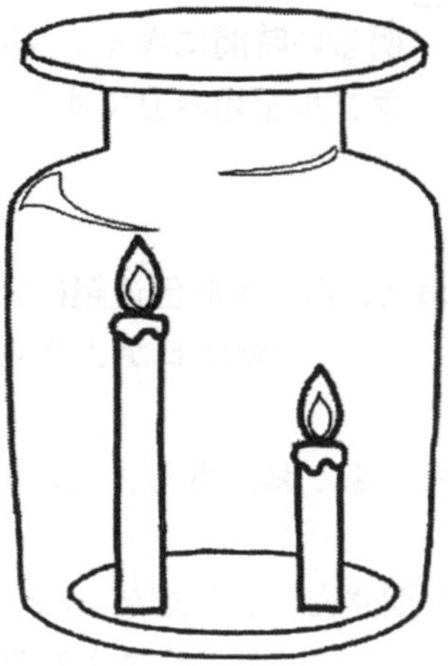

あたためられた空気は、(①　上　・　下　)に移動します。そのため、ものを燃やしたあとの空気は（①）の方からたまっていくので、(②　長い　・　短い　）ろうそくの方が先に消えると考えられます。

3　冬のある晴れた日にまなぶ君はお父さんと星の観察を行うことにしました。夕方のまだ明るい時間にキャンプ場についたまなぶ君は、テントと望遠鏡、日かげをつくるためのパラソルを組み立てました。まなぶ君とお父さんの会話を読み、以下の各問いに答えなさい。

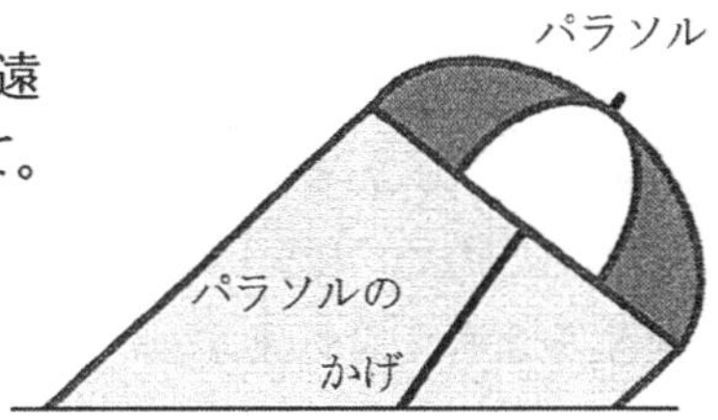

お父さん：さあ望遠鏡は組み立てが終わったぞ。まなぶ、望遠鏡に日が当たらないようにパラソルを置いてみて。

まなぶ：お父さん、ここでいい？

お父さん：そうだな、①そこだとちょうど望遠鏡が日かげになるね。今日は天気がいいから星がよく見えるぞ。もう②月も見えているな。

まなぶ：ぼくの部屋から③オリオン座《ざ》は見えたんだけど、他の星座はよく見えなかったから見てみたいな。ちゃんと探《さが》せるか楽しみだけど不安だな。

お父さん：まずは④カシオペヤ座をさがしてみよう。望遠鏡を使うときにはどうしても見つけなきゃいけない星があるんだ。

まなぶ：⑤その星の名前知ってる！だけど、どうしてその星を見つけなきゃいけないの？

お父さん：よし、イスとか準備したらその理由を教えようかな。さぁ、残りの荷物を車から降《お》ろそう。

まなぶ：やった！お父さん、早く早く！

問１　下線部①について、下図は望遠鏡を真上から見たときの図です。まなぶ君が置いたパラソルの位置はどこですか。図中の**ア**～**エ**から最も適当なものを一つ選び、記号で答えなさい。

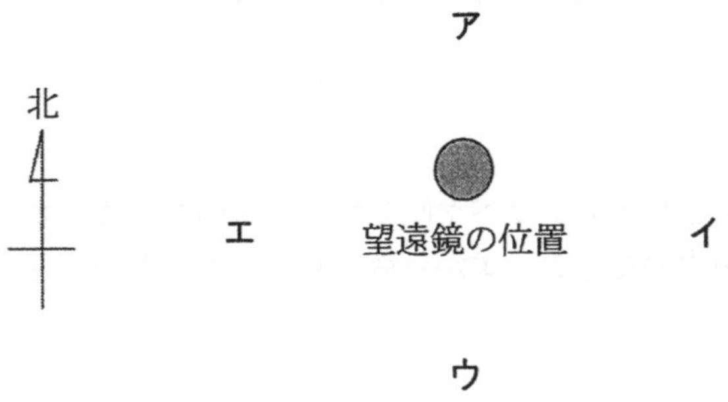

問２　下線部①について、しばらく時間がたつとパラソルのかげの位置が移動していました。パラソルから望遠鏡を見たとき、パラソルのかげは望遠鏡の『右』と『左』のどちらに移動していますか。

問３　下線部②について、このとき月は南の空に見えました。このとき見えた月の形として最も適当なものを下の**ア**～**ウ**から一つ選び、記号で答えなさい。

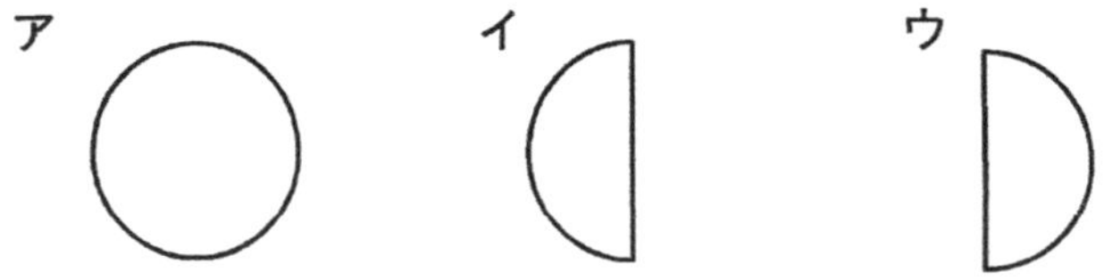

問４　下線部③について、オリオン座を形作る星の中で、冬の大三角にふくまれる星の名前として最も適当なものを下の**ア**～**エ**から一つ選び、記号で答えなさい。

ア　シリウス　　**イ**　ベテルギウス　　**ウ**　デネブ　　**エ**　ベガ

問５　下線部④について、下図はある日のカシオペヤ座です。1 時間後、カシオペヤ座はどの方向に動いて見えますか。図中の記号**ア**～**エ**から最も適当なものを一つ選び、記号で答えなさい。

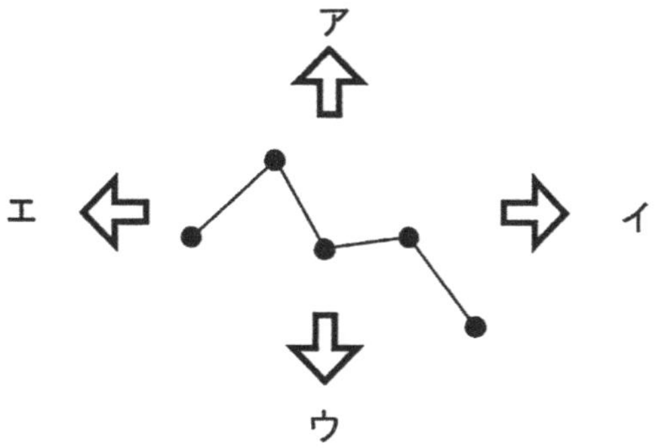

問６　下線部⑤について、カシオペヤ座や北斗七星《ほくとしちせい》を手がかりに見つけることのできる星の名前を答えなさい。

【 問題は次ページに続きます 】

4　糸などにおもりをつるして、ふれるようにしたものを「ふりこ」といいます。イタリアの科学者ガリレオが、大聖堂《だいせいどう》の天井からつり下げられたランプの動きを見て、ふりこについてのある決まりを見つけました。ふりこの決まりについて、以下の各問いに答えなさい。

問１　ふりこの１往復する時間の変化を調べた次の文の①～⑧に入る適当な言葉を下の語群**ア～ケ**から選び、記号で答えなさい。ただし、同じ記号を何度選んでもよいです。また、③と④、⑦と⑧の解答の順番は関係ありません。

ふりこの糸をつるす点から(　①　)までの長さを、「ふりこの長さ」といいます。ふりこが１往復する時間が何によって変わるのかを調べるときには、調べる条件以外の条件は(　②　)にします。例えば、「ふりこが１往復する時間がふれはばによって変わるか」を調べるときには、ふりこの(　③　)と(　④　)は同じにして、ふりこの(　⑤　)の条件を変えて調べます。
調べた結果、ふりこの(　⑥　)を変えると、１往復する時間は変化し、ふりこの(　⑦　)・ふりこの(　⑧　)を変えても１往復する時間は変わらないことがわかりました。

～語群～

ア	糸とおもりがつながっているところ	**イ**	おもりの中心	**ウ**	おもりの下
エ	すべてちがうもの	**オ**	すべて同じ	**カ**	２つ以上ちがうもの
キ	長さ	**ク**	重さ	**ケ**	ふれはば

問２　糸の長さ 1m、鉄のおもり、ふれはば 5°の条件でふりこをふらせ、１往復する時間を調べました。このときと、１往復する時間が同じになる条件を下の**ア～エ**からすべて選び、記号で答えなさい。ただし、おもりの大きさはすべて同じものとします。

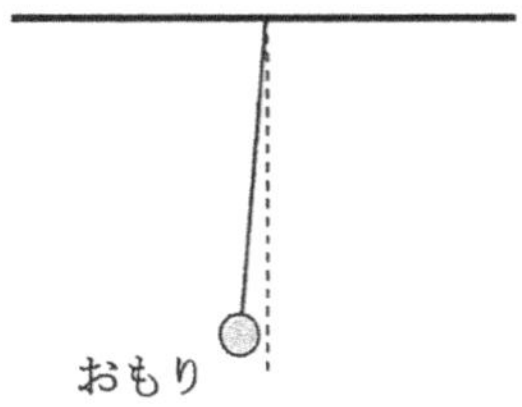

ア　糸の長さ 1m、鉄のおもり、ふれはば 10°でふらせたふりこ。

イ　糸の長さ 2m、鉄のおもり、ふれはば 5°でふらせたふりこ。

ウ　糸の長さ 1m、ガラスのおもり、ふれはば 5°でふらせたふりこ。

エ　糸の長さ 50cm、ガラスのおもり、ふれはば 5°でふらせたふりこ。

問3　次の表は、ふりこの長さと1往復する時間を表しています。これについて、次の各問いに答えなさい。

長さ(cm)	25	50	100	200	225	(B)
1往復する時間(秒)	1	1.4	2	(A)	3	4

(1)　上の表の結果から、ふりこの長さと1往復する時間との関係を示した次の文の①・②に適する数字を答えなさい。

ふりこの長さと1往復する時間を調べたところ、ある決まりがあることがわかりました。ふりこの長さが25cmと100cmのときを比べると、ふりこの長さが(　①　)×(　①　)倍になると、1往復する時間が(　①　)倍になっていることがわかります。また、ふりこの長さが25cmと225cmのときを比べると、ふりこの長さが(　②　)×(　②　)倍になると、1往復する時間が(　②　)倍になることがわかります。

(2)　表の(A)、(B)にあてはまる数字を答えなさい。

2022(R4) 日向学院中
教英出版

****

日向学院中学校入学試験問題

****

令和４年度

（Ａ日程）

社　　会

［１月３日　第３限　10:40　～　11:10 ］
(30分　50点)

受験上の注意

1　「始め」の合図があるまで、このページ以外のところを見てはいけません。
2　問題は 1 ～ 2 まであります。
3　答は必ず解答用紙に記入しなさい。解答用紙はこの冊子の間にはさんであります。
4　「始め」の合図があったら、まず解答用紙に受験番号、氏名を記入しなさい。
5　印刷がはっきりしなくて読めないときは、だまって手をあげなさい。問題内容や答案作成上の質問は認められません。
6　「やめ」の合図があったら、すぐ鉛筆《えんぴつ》をおき、解答用紙は裏返しにして机の上に置きなさい。

1 ある小学校の社会の授業中に行われた次の会話を読んで、あとの問いに答えなさい。

先　生：最近、心に残ったニュースはありますか。

れ　ん：心に残ったというか、大きなニュースだと思ったのは、1衆議院の総選挙が行われたことです。

先　生：日本の2政治の大きなニュースでしたね。ほかに何かありますか。

め　い：最近ではないですが、わたしが感動して心に残ったニュースは、夏に行われたパラリンピックです。

はるき：ぼくも毎日ニュースを見ました。バスケットボール、ラグビー、テニス、バドミントンなどのぼくがよく知っている競技を、少しルールを変えて、車いすに乗った選手たちがプレーしていたのがすごかったです。

先　生：選手の人たちが一生懸命《いっしょうけんめい》プレーしているすがたには、先生も感動しました。ところで、テニス、陸上、バスケットボールなどで使われている車いすが、3それぞれの競技に合わせて少しずつちがっているのにも気づきましたか。

ゆ　い：そうなんですか。選手たちもすごいけど、それをかげで支えている技術者や研究者の方々も、すごいですね。ちなみに、わたしは※1ゴールボールとか、※2シッティングバレーボールなど、パラリンピックで初めて見た競技に興味を持ちました。

れ　ん：ほんとにいろんな競技があって、ぼくもわくわくしました。でも、ぼくが一番興味があって、そして一番すごいと思ったのは環境《かんきょう》に配慮《はいりょ》した大会だったことです。

先　生：さすがれん君、よく知ってますね。競技会場や選手村の電気はすべて4再生可能エネルギーでつくられましたし、5000個をこえる金・銀・銅のメダルは、すべて都市鉱山からつくられたんですよね。

め　い：都市鉱山って何ですか。

はるき：ぼく、知ってますよ。使われなくなった携帯電話《けいたいでんわ》などの小型家電の部品ですよね。1つ1つの家電にふくまれる量はわずかだけど、た

くさんの人が5「都市鉱山からつくる！みんなのメダルプロジェクト」に協力したおかげで、すべてのメダルに必要な金 32kg、銀 3500kg、銅 2200kg が集まったんです。

先　生：ちりも積もれば山となるですね。そうそう、そろそろ地理の勉強にもどりましょう。パラリンピックではいろいろな都道府県出身の選手たちが活躍《かつやく》したんですよ。6出身都道府県をつかって、気候、農業、工業などについて復習しましょう。

※1　目隠《めかく》しをしながら鈴《すず》の入ったボールを転がして、ゴールに入れることで得点とする視覚障《しかくしょう》がい者の球技

※2　座《すわ》った状態で行われる6人制のバレーボール

ゴールボール

シッティングバレーボール

問1　下線部1に関連して、あとの問いに答えなさい。

（1）　日本の国会は二院制をとっていますが、二院とは衆議院ともう1つは何院ですか。漢字で答えなさい。

（2）　選挙は、政治に参加する権利《けんり》の1つです。日本国憲法の三大原則のうち、国の政治を進める権利は国民にあるという原則を何というか答えなさい。

（3）　現在の日本では、選挙権を与えられるのは満何才以上の国民ですか。解答らんに合わせて数字で答えなさい。

問２　下線部２に関して、国会・内閣・裁判所が国の重要な役割《やくわり》を分担《ぶんたん》していますが、その仕組みを何というか**漢字４字**で答えなさい。

問３　下線部３に関して、車いすはそれぞれの競技の選手が使いやすいように工夫されていますが、トイレなどには「すべての人にとって使いやすい形や機能を考えたデザイン」が使われました。このようなデザインのことを何というか答えなさい。

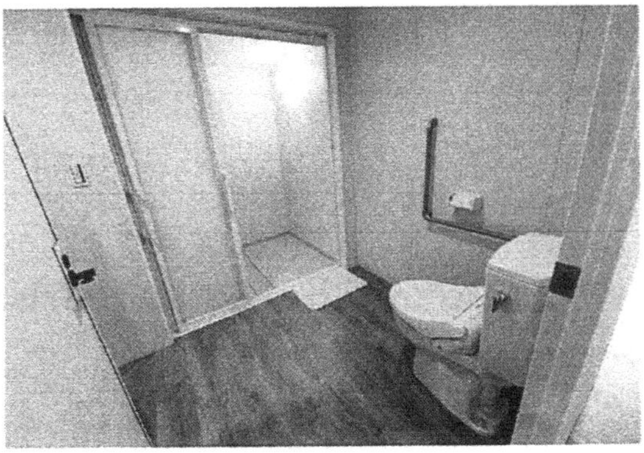

選手村のトイレ

問４　下線部４に関して、再生可能エネルギーにはさまざまな発電方法がありますが、そのうち１つを解答らんに合わせて答えなさい。

問５　下線部５に関して、このプロジェクトは、３Ｒ（リデュース、リユース、リサイクル）のうちのどれにあてはまるか答えなさい。

問６　下線部６に関連して、あとの問いに答えなさい。

（１）　陸上の伊藤選手などの出身地である三重県について、次の問いに答えなさい。

①　三重県では、四大公害病の１つが発生しました。その公害病を答えなさい。

② 下の表は、京浜工業地帯、瀬戸内工業地域、京葉工業地域、および三重県の属する工業地帯（地域）における工業出荷額の総額と割合を示したものです。そのうち、三重県の属する工業地帯（地域）のものを表中のア～エから１つ選び、記号で答えなさい。

工業出荷額の総額と割合（2018 年）

	工業出荷額	工業出荷額にしめる割合（%）				
		機械	金属	化学	食料品	その他
ア	26兆4195億円	49.3	8.9	18.0	10.9	12.9
イ	32兆3038億円	34.7	18.8	23.1	7.6	15.8
ウ	60兆2425億円	69.1	9.6	6.4	4.6	10.3
エ	13兆2118億円	13.0	20.8	41.5	15.4	9.3

（経済産業省しらべによる）

（2） 車いすラグビーの池選手などの出身地である高知県について、次の問いに答えなさい。

南の沖合を暖流《だんりゅう》が流れているため気候が温暖な高知県では、冬でもピーマンなどの夏野菜を生産しています。高知県の気候に影響《えいきょう》している、この暖流の名前を答えなさい。

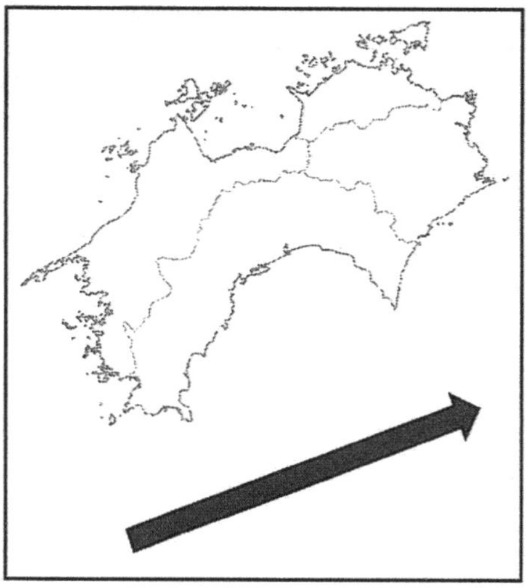

（3） 車いすバスケットボールの藤沢選手などの出身地である長野県や日本の農業について、あとの問いに答えなさい。

① 下の表は野菜やくだものの生産量上位５都道府県で、表中のア～エには、長野県、群馬県、山梨県、高知県のいずれかが入ります。長野県にあてはまるものを表中のア～エから１つ選び、記号で答えなさい。

農産物の生産量と全国にしめる割合（2019年）

	ぶどう			もも			りんご		
	都道府県	t	%	都道府県	t	%	都道府県	t	%
1位	ア	36,900	21.4	ア	30,700	28.5	青森	409,800	58.4
2位	イ	31,700	18.4	福島	27,000	25.0	イ	127,600	18.2
3位	山形	16,400	9.5	イ	12,000	11.1	岩手	45,900	6.5
4位	岡山	15,800	9.1	山形	9,350	8.7	山形	40,500	5.8
5位	福岡	7,640	4.4	和歌山	7,080	6.6	福島	23,200	3.3

	キャベツ			レタス			なす		
	都道府県	t	%	都道府県	t	%	都道府県	t	%
1位	エ	275,300	18.7	イ	197,800	34.2	ウ	40,800	13.5
2位	愛知	268,600	18.2	茨城	86,400	14.9	熊本	35,300	11.7
3位	千葉	110,800	7.5	エ	51,500	8.9	エ	26,500	8.8
4位	茨城	105,600	7.2	長崎	36,000	6.2	福岡	18,500	6.1
5位	鹿児島	77,200	5.2	兵庫	30,100	5.2	茨城	15,900	5.3

（農林水産省しらべによる）

② 下のグラフは※農業で働く人と、そのうち 65 才以上のしめる割合《わりあい》を示したものです。このグラフから読み取れる今の日本の農業がかかえている問題を、簡単《かんたん》に書きなさい。※農業で働く人（基幹的農業従事者《きかんてきのうぎょうじゅうじしゃ》：ふだん仕事として主に自営農業に従事している人）

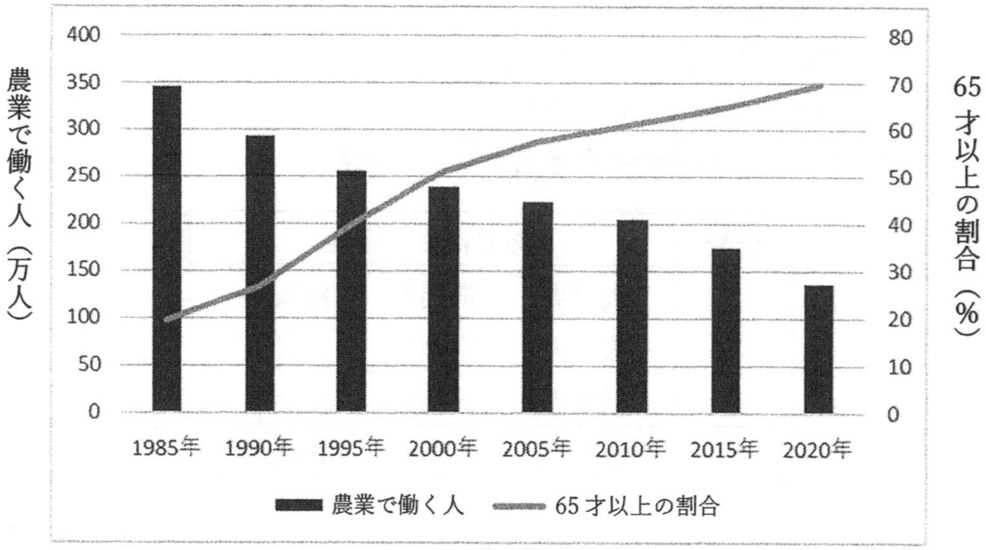

（4） シッティングバレーボールの小方《おがた》選手など多くの選手の出身地である東京都について、あとの問いに答えなさい。

東京都にはたくさんの島があります。島や諸島《しょとう》の名前と特徴《とくちょう》が正しく結びついているものを下のア～エから１つ選び、記号で答えなさい。

ア．南鳥島　：日本最南端《にほんさいなんたん》　小笠原諸島：世界自然遺産
イ．沖ノ鳥島：日本最南端《にほんさいなんたん》　小笠原諸島：ラムサール条約登録地
ウ．南鳥島　：日本最東端《にほんさいとうたん》　小笠原諸島：世界自然遺産
エ．沖ノ鳥島：日本最東端《にほんさいとうたん》　小笠原諸島：ラムサール条約登録地

（5）　選手の出身府県の中で、次のA～Dの4つのグループにあてはまるものを3県ずつ選び、下の表にまとめました。Aのグループは表中のア～エのうちどれですか。１つ選び、記号で答えなさい。

A：世界遺産《せかいいさん》がある府県
B：内陸（海に面していない）府県
C：日本海に面している府県
D：府県名と府県庁所在地名が異《こと》なる府県

記号	あてはまる府県		
ア	長野県	群馬県	滋賀県
イ	広島県	京都府	奈良県
ウ	栃木県	沖縄県	愛媛県
エ	島根県	石川県	新潟県

（6）　金メダルを2つ獲得《かくとく》した杉浦選手をはじめとする自転車競技に出場した4人の選手は、それぞれ静岡、北海道、茨城、広島の出身です。下のグラフは、その道県庁所在地における月別平均気温と降水量《こうすいりょう》を示したものです。札幌市にあたるものを下のア～エから１つ選び、記号で答えなさい。

ア.

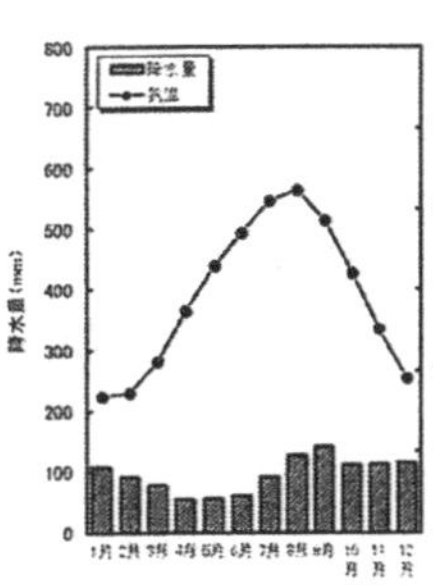

イ.

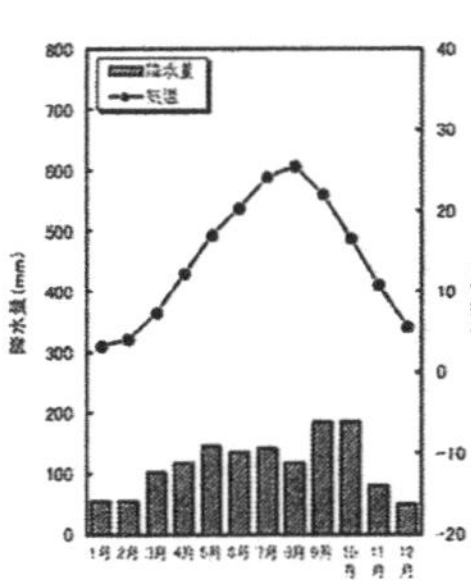

ウ.

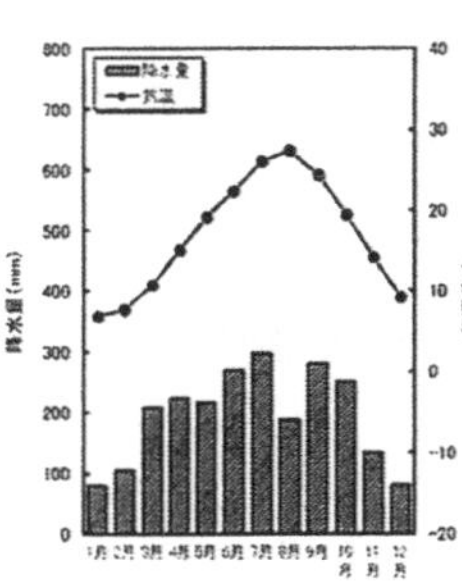

エ.

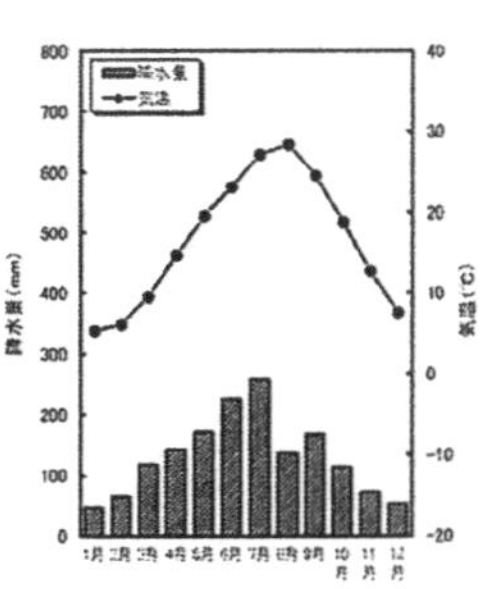

2　たけし君は、日本のいろいろな時代の文化について調べ、カードに書き出しました。A～Fのカードを読んで、あとの問いに答えなさい。

A

　この時代には、稲作《いなさく》が九州から東日本へ伝わり、稲作で使用する1道具も作られました。しかし、やがて米作りに適した土地や水などをめぐって争いがおこるようになり、2むらの周囲を深いほりや木のさくなどでかこむようになりました。

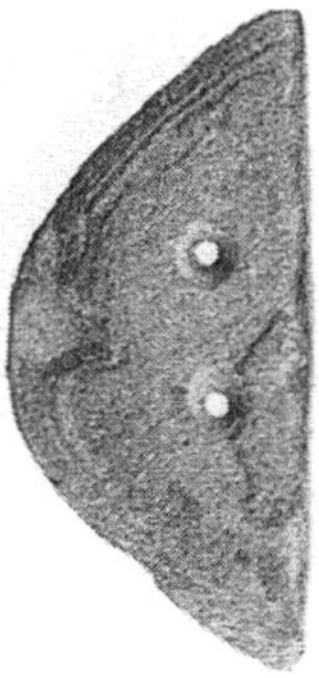

問1　文中の下線部1について、収穫《しゅうかく》に用いられた上の資料の道具を何というか答えなさい。

問2　下線部 2 がみられる吉野ケ里遺跡はどこにありますか。下の地図のア～エから1つ選び、記号で答えなさい。

問3　この時代のことがらを述べた文として、X、Yは正しいですか、それともまちがっていますか。答えの組み合わせとして正しいものを下のア～エから１つ選び、記号で答えなさい。

X. たて穴住居から高床の住居にかわった。

Y. 銅鐸が祭りの道具として使用された。

ア．X：正しい　　Y：正しい

イ．X：正しい　　Y：まちがい

ウ．X：まちがい　Y：正しい

エ．X：まちがい　Y：まちがい

B

この時代には、畳《たたみ》をしきつめ床《とこ》の間《ま》をそなえつけた（ １ ）造がみられるようになり、床の間を生け花で飾《かざ》りました。絵画では、（ ２ ）が右のような墨《すみ》のこいうすいで雄大《ゆうだい》な自然を表現する水墨画をえがきました。

問4　文中の（ １ ）に当てはまる建築様式を**漢字２字**で答えなさい。

問5　（ ２ ）に入る人物名を答えなさい。

問6　この時代のことがらを述べた文として**<u>まちがっているもの</u>**を次のア～エから１つ選び、記号で答えなさい。

ア．枯山水とよばれる石と砂《すな》で山や水を表す石庭がつくられた。

イ．３代将軍足利義政が金閣を建てた。

ウ．観阿弥・世阿弥の親子によって能が大成された。

エ．『浦島太郎』や『ものぐさ太郎』のようなおとぎ話の絵本がつくられた。

C

この時代には、歌舞伎や人形浄瑠璃が流行しました。学問では、幕府や藩で儒学が重視《じゅうし》されました。町人や百姓《ひゃくしょう》の子どもたちは（　　）に通い、読み・書き・そろばんなどを学びました。

問7　文中の（　　）にあてはまる教育機関を答えなさい。

問8　この時代の人物とその人物に関係することがらの組み合わせとして正しいものを次のア～エから１つ選び、記号で答えなさい。

ア．近松門左衛門：浮世絵　　イ．本居宣長：日本地図

ウ．歌川広重：国学　　エ．杉田玄白：蘭学

問9　右の資料は、この時代に使われたものです。何のために使われたのか、簡潔《かんけつ》に答えなさい。

問10　この時代の終わりに日米修好通商条約が結ばれました。**その条約で開かれた港ではない場所**を下の地図のア～オから１つ選び、記号で答えなさい。

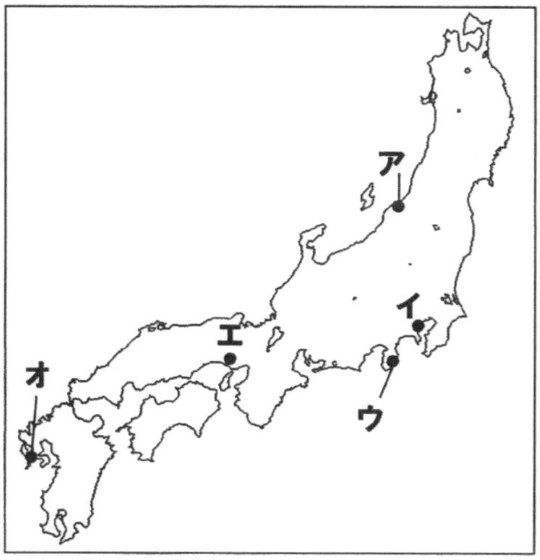

D

この時代には、遣唐使が派遣《はけん》され、進んだ制度や文化が国内に取り入れられました。右のガラスの杯《さかずき》は、3西アジアから中国に伝わったものをその使節が持ち帰ったと考えられています。また、聖武天皇は、東大寺を建て大仏をつくり、仏教の力で国を治めようとしました。

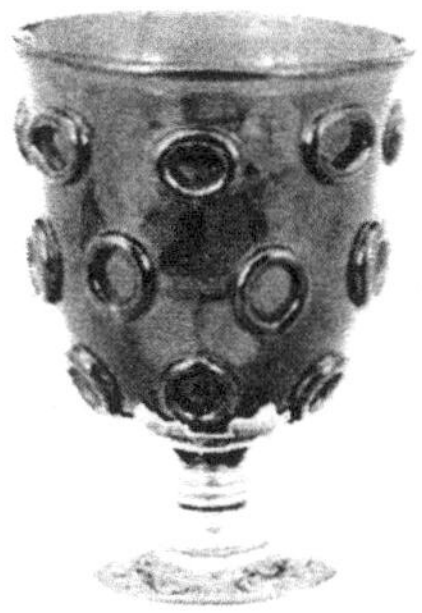

問11　下線部３の西アジアと中国を結んだ交易路を何というか答えなさい。

問12　この時代の日本の都を何というか答えなさい。

問 13　この時代よりも後のことがらをア～エから１つ選び、記号で答えなさい。

ア．平等院鳳凰堂が建てられた。　イ．藤原京がつくられた。

ウ．国分寺が建てられた。　エ．法隆寺が建てられた。

E

この時代には、くらしのなかに欧米《おうべい》の制度や文化が取り入れられました。郵便《ゆうびん》や電信、4学校の制度が整備され、新橋・横浜間には鉄道も開通しました。

問 14　下線部４について、日本で学校制度が取り入れられたころ、下のグラフが示すように小学校に通う児童の割合《わりあい》は高くありませんでした。その理由を１つ簡潔《かんけつ》に答えなさい。

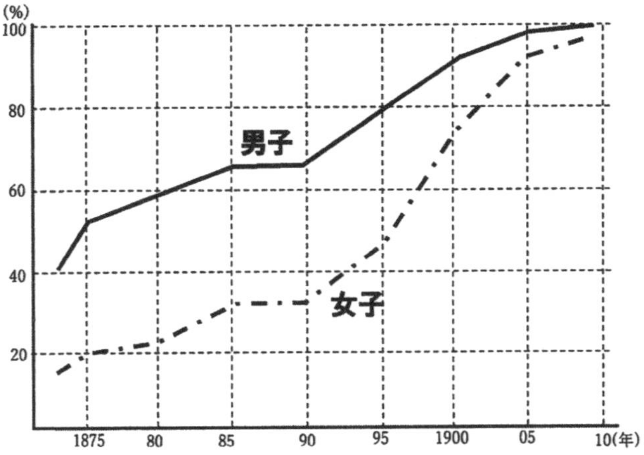

(文科省ホームページより作成)

明治時代の就学率《しゅうがくりつ》の移りかわり

問 15　この時代に展開《てんかい》された自由民権運動に関係することがらとして正しいものを次のア～エから１つ選び、記号で答えなさい。

ア．国会開設にそなえて、板垣退助は自由党を結成した。

イ．大隈重信は、ドイツの憲法を参考に憲法案を作成した。

ウ．大日本帝国憲法では、国民が主権を持つことが定められた。

エ．第１回衆議院選挙の選挙権は、国税 10 円以上納《おさ》める 20 才以上の男子に限られた。

問16　この時代のできごとア～ウを時代の古い順番にならべなさい。

ア．日露戦争がおこる

イ．日清戦争がおこる

ウ．治外法権が廃止《はいし》される

F

この時代には、民主主義への意識が高まり、普通選挙を求める運動が展開《てんかい》されました。また、差別をなくす運動も広がり、1922 年に京都で(　　)が設立されました。

問 17　この時代のことがらを述べた文として、X、Y は正しいですか、それともまちがっていますか。答えの組み合わせとして正しいものを下のア～エから 1 つ選び、記号で答えなさい。

X. 平塚らいてうは、女性の地位向上をうったえ、女性の選挙権を獲得《かくとく》した。

Y. 関東大震災《かんとうだいしんさい》がおこり、多数の死傷者《ししょうしゃ》がでるとともに、多くの朝鮮人《ちょうせんじん》が殺される事件がおこった。

ア. X：正しい　　Y：正しい

イ. X：正しい　　Y：まちがい

ウ. X：まちがい　Y：正しい

エ. X：まちがい　Y：まちがい

問 18　文中の(　　)に入る団体名を答えなさい。

問 19　A～F を時代の古い順にならべなさい。ただし、A が最初で、F が最後です。

****
日向学院中学校入学試験問題
****

令和４年度

（Ａ日程）

算　　数

［１月３日　第４限　11:25　～　12:15］
（50分　100点）

＃教英出版 編集部　注
編集の都合上、計算らんは省略しています。

受験上の注意

1　「始め」の合図があるまで、このページ以外のところを見てはいけません。
2　問題は [1] ～ [5] まであります。
3　答は必ず解答用紙に記入しなさい。解答用紙はこの冊子の間にはさんであります。
4　「始め」の合図があったら、まず解答用紙に受験番号、氏名を記入しなさい。
5　印刷がはっきりしなくて読めないときは、だまって手をあげなさい。問題内容や答案作成上の質問は認められません。
6　「やめ」の合図があったら、すぐ鉛筆《えんぴつ》をおき、解答用紙は裏返しにして机の上に置きなさい。

1　次の計算をしなさい。

(1)　$36-18\div 3$

(2)　$2\frac{3}{4}-1\frac{5}{6}-\frac{1}{3}$

(3)　$96-\{82-(54-28)\}$

(4)　$2\times 4\times 3.14+2\times 6\times 3.14$

(5)　$\frac{7}{16}\div 0.25\times \frac{3}{14}$

2 次の各問いに答えなさい。

(1) 次の□にあてはまる数を答えなさい。

① 時速 72 km＝秒速□m

② 2.4 dL は，1 L の□% です。

(2) 右の計算をして商が 1 けたになるとき，□にあてはまる数をすべて書きなさい。

8□)865

(3) お店で箱ティッシュがセットで売られていました。A のセットは，180枚入りが 3箱セットで 200円，B のセットは 150枚入りが 5箱セットで 300円でした。ティッシュ 1 枚当たりの金額が安いのは どちらのセットですか。A か B で答えなさい。

(4) 1 日目に牛乳を全体の $\frac{1}{3}$ を飲んで，2日目に残りの牛乳の $\frac{3}{5}$ を飲んだところ，残りが 200mL になりました。最初に入っていた牛乳の量を求めなさい。

(5) 次のドットプロットは，ある 20 人のクラスの算数のテストの点数を表したものです。中央値を求めなさい。

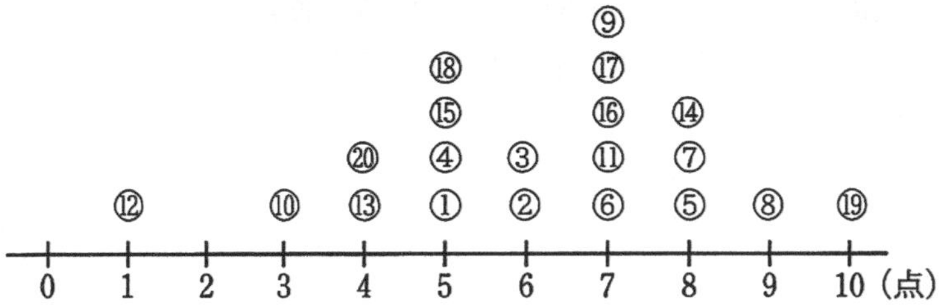

(6) A，B，C，D の 4 人の身長の平均は 156.5cm でした。A，B，C，D，E の 5人の身長の平均は 157.2cmでした。E の身長を求めなさい。

3　次の各問いに答えなさい。ただし，円周率は3.14とします。

(1)　右の図1は，正方形の折り紙をたてに半分におって広げたものです。図2は，アの部分が折り目にくるように折り曲げたものです。図2のあの角度を求めなさい。

図1

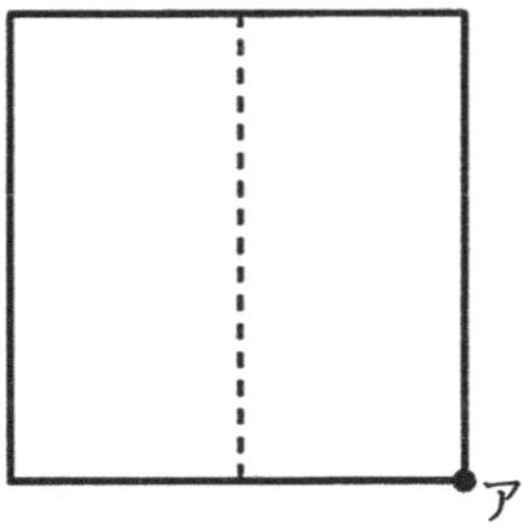

図2

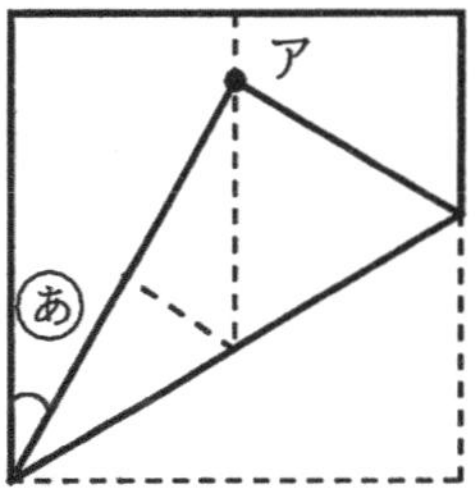

(2)　次の図の色を付けた部分の面積を求めなさい。

①

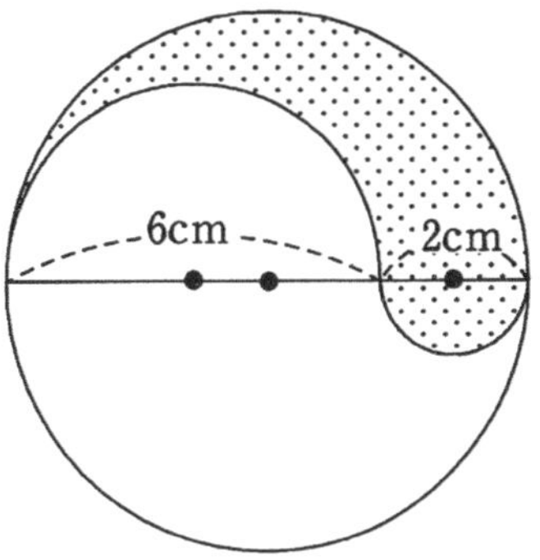

②

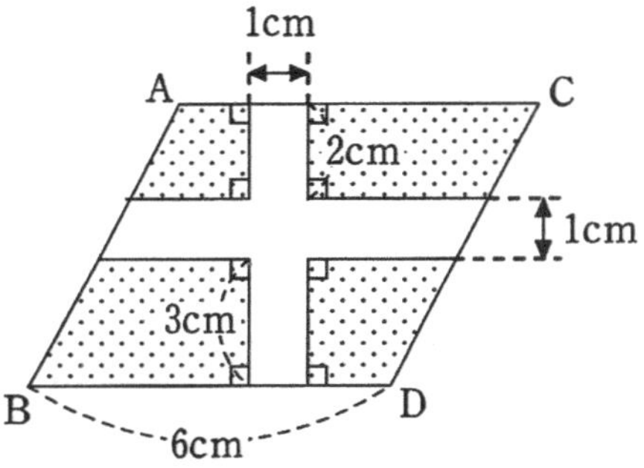

(四角形ABCDは平行四辺形)

(3)　右の立体は，底面の半径が2cm，高さが3cmの円柱と底面の半径が6cm，高さが5cmの円柱を組み合わせたものです。立体の表面積を求めなさい。

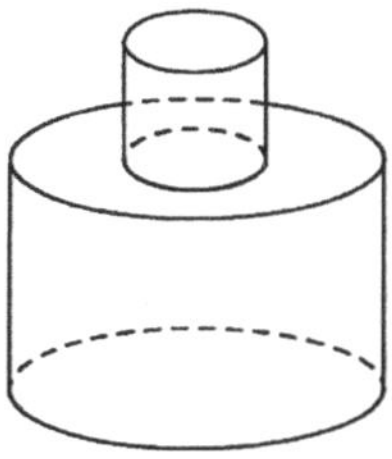

(4)　右の立体は直方体から，直方体を切り取ったものです。立体の体積を求めなさい。

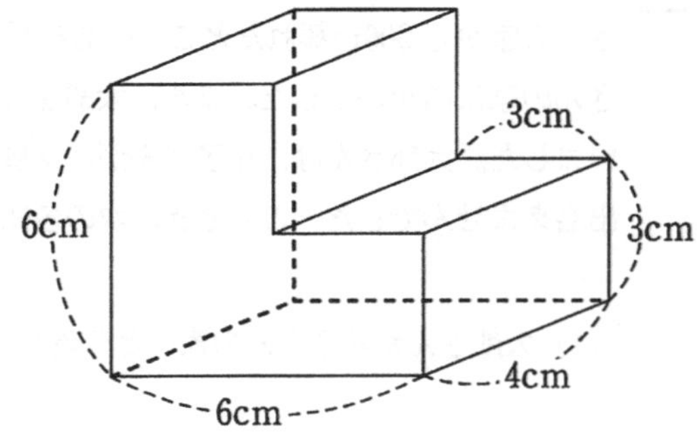

(5)　右の図のような三角形を，A のまわりに 1回転してできる立体の体積を求めなさい。

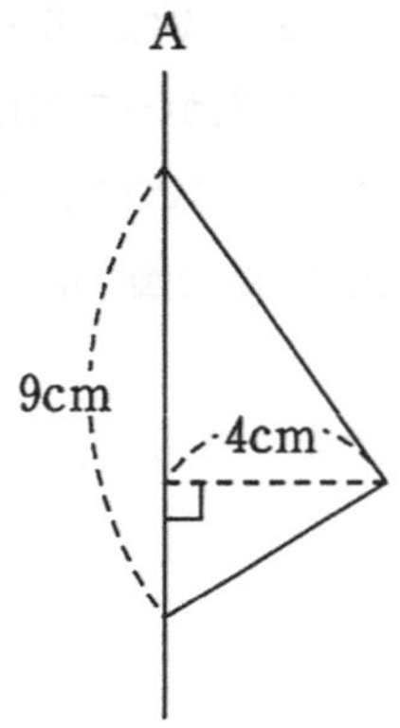

4　花子さんは，2.4km離れた太郎さんの家へ午前9時に毎分50mの速さで向かいました。途中，花子さんの家から900m離れたところにあるパン屋によって，15分間買い物をした後再び同じ速さで太郎さんの家に向かいました。また，太郎さんは，午前9時5分に花子さんの家に毎分60mの速さで向かいました。太郎さんは，花子さんがパン屋で買い物をしている間にパン屋を通り過ぎたので，2人は出会えませんでした。このとき，次の各問いに答えなさい。

(1) 太郎さんが花子さんの家にとう着した時刻を求めなさい。

(2) 花子さんが太郎さんの家にとう着した時刻を求めなさい。

太郎さんは，花子さんの家に着いて花子さんがいないことに気づき，とう着した3分後に太郎さんの家に向かって同じ速さで出発しました。また，花子さんは，太郎さんの家に着いて太郎さんがいないことに気づき，とう着した5分後に花子さんの家に向かって毎分60mの速さで出発しました。その後2人は公園の前で出会いました。このとき，次の各問いに答えなさい。

(3) 公園は，花子さんの家から何mのところにあるか求めなさい。

5　次の会話文を読んで，□にあてはまる数を答えなさい。

花子さん：　五角形にひける対角線の数を調べようと思うんだけど。

太郎さん：　それは簡単だよ。

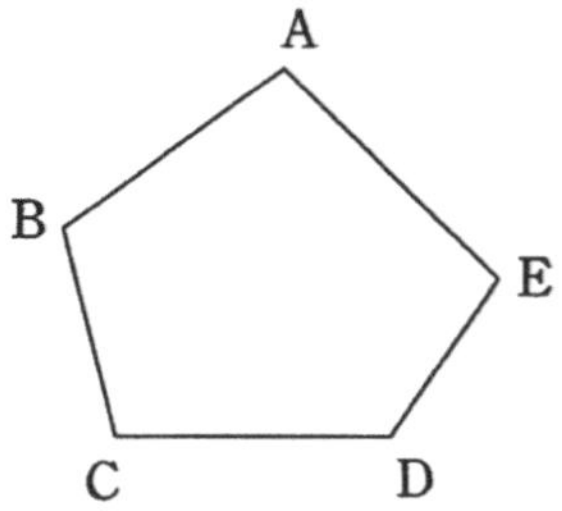

花子さん：　どうすればいいの？

太郎さん：　図で考えると，Aから引ける対角線は2本でしょ。
だから，答えは2本！！

花子さん：　それはちがうんじゃない？Bからも同じように引けるよ。

太郎さん：　あっそうか。じゃあ，頂点の数は5個あるから　$2\times5=10$で10本だ。

花子さん：　それだと，例えばAからCに引いたものと，CからAに引いたものを2回数えてない？

太郎さん：　そうだね。じゃあ，$10\div2=5$で5本だ。

花子さん：　同じように考えると，七角形にひけるの対角線の数もわかりそうだね。

太郎さん：　ひとつの頂点から引ける対角線は［ア］本で，頂点の数は7個だけど，2回数えているものがあるから，［ア］×7÷2=［イ］（本）

花子さん：　すごい！じゃあ，もっと頂点の数が多い場合はどうなるのかな？

太郎さん：　うーん。ひとつの頂点から引ける対角線の数は，五角形のときが2本，七角形のときが［ア］本だから，n角形のときは，n－［ウ］本引けるんじゃないかな？
そうすれば，n角形のときは　（n－［ウ］）×n÷2　（本）引けるね。

花子さん：　すごいきまりを見つけたね。じゃあ，十八角形に引ける対角線の数は［エ］本だね。

問7

(2

から

二

問1

1

2

3

4

5

る

問2

A

B

C

D

問3

a

b

問4

問5

問6

問7

問8

※50点満点
（配点非公表）

令和４年度
理科解答用紙

受験番号		氏　名	

1

問1		問2		問3	
問4					
問5		問6			

2

問1	
問2	

【解答

※50点満点
（配点非公表）

令和４年度　Ａ日程入試

社会　解答用紙

受験番号		氏　名	

1

問1	(1)		(2)		(3)	満　　　　才以上

問2					問3		問4	発電

問5		問6	(1)	①		②		(2)	

問6	(3)	①		②	

問6	(4)		(5)		(6)	

2

A	問		問		問	

【解答

※100点満点
（配点非公表）

令和４年度　Ａ日程入試

算数　解答用紙

受付番号		氏　名	

1

(1)	(2)	(3)	(4)	(5)

2

(1)		(2)	(3)	(4)
①秒速　m	②　%			mL
(5)	(6)			
点	cm			

【解答用

度	① cm^2	② cm^2	cm^2	cm^3

(5)
cm^3

4

(1)	(2)	(3)
午前　　時　　分	午前　　時　　分	m

5

ア	イ	ウ	エ

B	問4	造	問5		問6
C	問7		問8		
	問9		問10		
D	問11		問12		問13
E	問14				
	問15		問16	→ →	
F	問17		問18		
	問19	A → → → → → F			

3

問 1		問 2		問 3		問 4		問 5	
問 6									

4

問 1	①		②		③		④	
	⑤		⑥		⑦		⑧	
問 2								
問 3	(1)	①	②					
	(2)	（A）	（B）					

令和四年度　A日程入試

国語　解答用紙

受験番号

氏名

※100点満点
（配点非公表）

一

問1
1
2
3
4
5

問2

問3
1
2
3
4

問4
A
B

問5
こと

問6
(1)
ということ

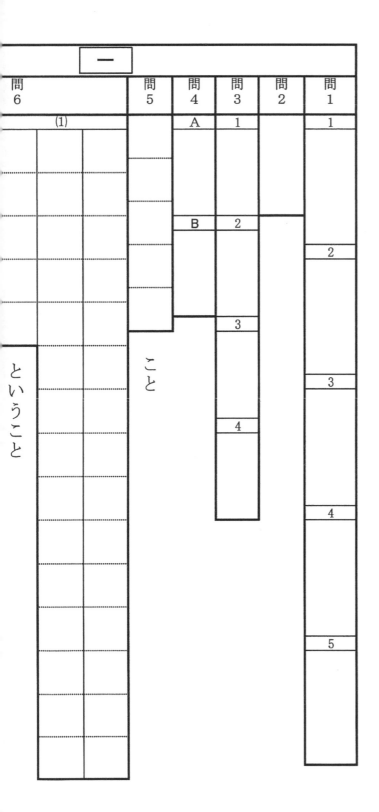

****

日向学院中学校入学試験問題

****

令和3年度

(A日程)

国　　語

[1月3日　第1限　9:00　〜　9:40]
(40分　100点)

受験上の注意

1　「始め」の合図があるまで、このページ以外のところを見てはいけません。
2　問題は 一 〜 二 までありります。
3　答は必ず解答用紙に記入しなさい。解答用紙はこの冊子の間にはさんであります。
4　「始め」の合図があったら、まず解答用紙に受験番号、氏名を記入しなさい。
5　印刷がはっきりしなくて読めないときは、だまって手をあげなさい。問題内容や答案作成上の質問は認められません。
6　「やめ」の合図があったら、すぐ鉛筆《えんぴつ》をおき、解答用紙は裏返しにして机の上に置きなさい。

2021(R3)日向学院中
教英出版

一 次の文章を読んで、後の問いに答えなさい。（1〜9は段落番号です。作問の都合上、原文の表記を改めた箇所《かしょ》があります。）

1 林業といえば、チェーンソーで木を伐《き》っている映像《えいぞう》ばかり思い浮《う》かべがちだ。そして①自然破壊《はかい》だと連想する。

2 たしかに木材を得るためには、生えている木を伐らねばならない。生きた木を倒《たお》すということは木の生命を奪《うば》うということだ。しかし、日本の林業は大半が育成林業であり、伐採《ばっさい》の前に長い時間をかけて木を育ててきたことを忘《わす》れている。伐採は、そうして育てた木の最後の収《しゅう》穫行為《かくこうい》なのである。畑を[1]タガヤして、種をまき、草取りもして、病害虫から守り、ようやく育てた米や野菜を収穫するのと同じだ。稔《みの》った稲穂《いなほ》を刈《か》り取ったら、 A 畑でダイコンを引き抜《ぬ》いたら「自然破壊だ」と叫《さけ》ぶだろうか。

3 ただ農業と林業が違《ちが》うのは、その育成期間の長さである。農作物なら種子を播《ま》いてから収穫まで数ヵ月、長いものでも数年だ。果樹《かじゅ》の場合は多少延《の》びるが、それでも十数年。実がなるまで育てば、その後はほぼ毎年収穫できる。しかし木材が収穫できるまで植林してから短くても四〇年、長いところでは一〇〇年を超《こ》える。若いころに植えた木を老齢《ろうれい》の域《いき》に達してようやく収穫できる、もしかしたら収穫は子供《こども》か孫の代になるかもしれないのが林業だ。植林を投資《とうし》とすると、伐採は資金の回収と※利潤《りじゅん》を得る行為に当たるが、その期間が非常に長い。だから現代社会の経済《けいざい》になじまないという意見もある。

4 B 、②本来の林業はそうではなかった。

5　わりばしの故郷《こきょう》でもある吉野《よしの》林業を例にとってみよう。③特徴《とくちょう》的なのは、植える本数だ。一ヘクタール当たり八〇〇〇本から一万二〇〇〇本もあるのだ。現在の一般《いっぱん》的な※植栽《しょくさい》本数が、三〇〇〇本を[2]キジュンとしていることを考えれば、非常に多いと言えるだろう。※密植《みっしょく》すると、幹が通直になって枝も出づらく[3]節を作らない効果があるから行うのである。

6　もちろん高密度《こうみつど》のまま植えっぱなしにしては、苗《なえ》は育たない。そこで頻繁《ひんぱん》な※間伐《かんばつ》が[4]行われた。植えつけ後一〇年くらいから弱度の間伐を繰《く》り返し、徐々《じょじょ》に本数を減らしていく。だいたい八〜一〇回以上の間伐を[5]へて、最後は※大径木《だいけいぼく》になった一〇〇本くらいを残す。この時点で一〇〇年以上たっているのである。最後の木を伐るのが主伐だ。もし主伐しか収入《しゅうにゅう》にならないのなら、植えた苗の数の【　　　　】以下しか収益《しゅうえき》につながらないことになる。

7　だが、そうではなかった。吉野林業というのは、主伐だけでなく、間伐も大きな収入源《しゅうにゅうげん》だったのだ。[C]間伐材をちゃんと商品化したからである。

8　植栽後一〇年目の細い間伐材もちゃんと利用した。[D]足場丸太や稲穂の干架《かんか》用に販売《はんばい》していた。もう少し太くなると、薄《うす》い板や小角材に製材した。樹齢《じゅれい》三〇年〜四〇年の間伐材は、磨《みが》き丸太にした。床柱《とこばしら》にすると、非常に高価格商品となった。

9　いや、間伐材だけではない、スギ皮は屋根《やね》葺《ぶ》き材になったし、スギの葉を乾燥《かんそう》して粉にしたものが線香《せんこう》の材料に回された。森の産物を徹底《てってい》的に利用し尽《つ》くすことで収入《しゅうにゅう》をあげるのが、林業だったのである。

（田中《たなか》淳夫《あつお》『割り箸《ばし》はもったいない？』ちくま新書）

語注　利潤・・・もうけ。利益《りえき》。
植栽・・・草木を植えること。
密植・・・間をあけずにぎっしり植えること。
通直・・・縦《たて》にまっすぐなこと。
間伐・・・樹木の生育を助けるため一部を伐ること。
大径木・・幹の直径が大きな木。

問１　〰〰１～５のカタカナを漢字になおし、漢字は読みをひらがなで答えなさい。

問２　［Ａ］～［Ｄ］に入る最も適切なことばをそれぞれ次の中から選んで、記号で答えなさい。（ただし、同じ記号は一回しか使えません。）

ア　たとえば
イ　あるいは
ウ　ところで
エ　しかし
オ　なぜなら

問３　――①「自然破壊だと連想する」とありますが、次の文はそれについて筆者の意見をまとめたものです。［Ⅰ］～［Ⅲ］に入ることばを本文中からそれぞれ七字でぬき出して答えなさい。

木を伐ることは［Ⅰ］ことだが、長い時間をかけて［Ⅱ］ことを忘れてはいけない。樹木の伐採は稲穂を刈り取ったり、ダイコンを引き抜いたりするのと同じ［Ⅲ］なのである。

問４　［３］段落は何について説明していますか。最も適切なものを次の中から選んで、記号で答えなさい。

ア　農作物の収穫
イ　木の育成期間
ウ　林業の世代交代
エ　現代社会の経済

問5　――②「本来の林業はそうではなかった」とありますが、筆者が考える「本来の林業」とはどのようなことですか。「～こと」につながるように本文中から二十五字以内でさがし、はじめとおわりの三字をぬき出して答えなさい。

問6　――③「特徴的なのは、植える本数だ」とありますが、

（1）「植える本数」のどのような点が「特徴的」なのですか。「～点」につながるように本文中から五字でぬき出して答えなさい。

（2）「植える本数」に（1）のような「特徴」があるのはなぜですか。それが書かれた部分を本文中から三十字以内でさがし、はじめとおわりの三字をぬき出して答えなさい。

問7　本文中の【　　　】に入る最も適切なものを次の中から選んで、記号で答えなさい。

ア　八分の一　　イ　二〇分の一　　ウ　六〇分の一　　エ　八〇分の一

二　次の文章を読んで、後の問いに答えなさい。（作問の都合上、原文の表記を改めた箇所《かしょ》があります。）

小学四年生の「私《わたし》」（ヨコヤマチエコ）は、いつも校庭の隅《すみ》で本を読んでいる上級生のシモダくんに思いを寄せ、シモダくんと同じ図書委員になろうと決める。

私はいちばん近い場所にあった本をつかんで、カウンターに走り、

「これ、借ります！」

と宣言《せんげん》した。

「ぷっ」

知らない上級生が横を向いて笑った。

「はい」

シモダくんも、ちょっと口元をゆるめて、本の後ろに貼《は》ってある袋《ふくろ》から、貸し出しカードをぬいた。私の顔はまるでマッチ棒《ぼう》の赤いところみたいに、ボッと火がついた。ぐーっとわけのわからない感情が[Ⅰ]にのぼってきて、さっき笑われたばかりなのに、

「この本、面白いですか」

などと間抜《まぬ》けたことを二人にきいてしまったのだった。

「変なやつ」

ぷっと吹《ふ》き出した上級生は、ふふんと[Ⅱ]でせせら笑った。しかしシモダくんは笑わなかった。

「小説じゃないから、よくわからないな」
そういわれて、私がカウンターに置いた本をよくみたら、夏目漱石《そうせき》の伝記だった。ますますA顔が熱くなった。
「ここに組と名前を書いて」
カードにのせた彼《かれ》の人差し指の爪《つめ》ばかり見ていたものだから、私の書いた文字はガタガタだった。
「女のくせに汚《きたな》い字！」
上級生が私の手元をのぞき込《こ》んだ。
（シモダくんに嫌《きら》われたらどうしよう）
「はい、貸し出しは五日間です」
彼は横から［Ⅲ］をはさんだ上級生のことばなど気にしていないふうで、本を渡《わた》してくれた。
私は彼の持ったほうを胸《むね》に抱《かか》え、家まで帰った。まだシモダくんの手のあたたかさが残っているようで、とっても幸せな気持ちになれた。布団《ふとん》の中に入って、きょう、図書室であったことを、何度も何度も繰《く》り返して頭の中に映《うつ》し出した。映画《えいが》の主人公は私とシモダくんである。二人の仲を邪魔《じゃま》するのが、口の悪い上級生の男の子だ。男の子がどんなに私の悪口をいっても、シモダくんは一緒《いっしょ》になって嗤《わら》ったり、バカにしたりしない。それは彼も私を憎《にく》からず思っているからで、女の子に、ちゃらちゃらとちょっかいを出せない彼の、精いっぱいの愛の表現なのだった。
「ふう」

①私は勝手にお話をつくり上げ、B体中が熱くなってきて、ため息をついた。そしてむっくりと起き上がって、机《つくえ》の上にきちっと置いた夏目漱石の伝記をⅣに抱《だ》いて、シモダくんの次に触《さわ》ったのは私であることを再確認《さいかくにん》し、本を抱っこして寝《ね》たのである。

　夏目漱石の伝記は、一ページも読まないでただ抱きしめるだけで図書室に返した。そのときカウンターに座っていた司書の先生は、返すのはあたりまえ、といった表情で、

「はい」

と面倒臭《めんどうくさ》そうに返事をし、体中からけだるさを1ハッサンさせていた。シモダくんは図書委員全体の副委員長として、みんなをまとめていた。図書委員の女の子たちは、彼と仲良く話をしている。私と同じクラスのヒトミちゃんも、2シタしげにしている。

（私も図書委員をやりたい）

　そうすればシモダくんとも、誰にも勘《かん》ぐられないで、堂々《どうどう》とお話できるし、いろいろなことも教えてもらえる。私は3ゼッタイに、図書委員にならなければならなかった。ヒトミちゃんは、とっても本が好きな子だったが、みんなからは嫌われていた。

「あーら、あなた、まだ『飛ぶ教室』なんか、読んでるの？　あたしなんか堀辰雄《ほりたつお》の『菜穂子』よ」

　といばっていたが、堀辰雄がいったい誰なのか知らない私たちは、よくわからないけど、とにかくいばる嫌《いや》な奴《やつ》と、彼女を敬遠《けいえん》していたのだ。私はヒトミちゃんと張り合うことにした。これもシモダくんのためだ。ヒトミちゃんがあんなに楽しそうに話をしているように、私も彼とお話ししたい。三学期になったらゼッタイに図書委員になる。いや、私はそうならなければ

いけないのだった。

三学期がはじまって、新しく委員の選挙が行われた。やりたい人は決まっているので、だいたい適当にやって済《す》んでしまうのだが、今回だけは違《ちが》っていた。選挙の日、私は朝からコチコチだった。これで幸せになれるかどうかが決まるのだ。私は心臓《しんぞう》をドキドキさせながら椅子《いす》に座っていた。

「はい、次は図書委員を決めます。まず、立候補《りっこうほ》したい人」

先生はクラスを見渡《みわた》した。

（いまだ！）

私は目をつぶって、勢いよく手を上げた。

「おおっ」

クラスの中がどよめいた。そっと目を開けると、前のほうでヒトミちゃんが手を上げ、ものすごい形相[4]で私の顔をにらみつけていた。

「今回は二人ですね。他にいませんか。それじゃ、この二人のどちらかに投票して下さい」

「先生！」

ヒトミちゃんが［Ⅲ］をはさんだ。

「ヨコヤマさんは、本が好きじゃありません。本が好きじゃない人は、図書委員になる資格はないと思います」

夏目漱石の伝記を一ページも読まないで返した私は、ギクッとした。

「おっかねぇなあ、あいつ」

誰《だれ》かがボソッといった声が、クラスに響《ひび》き、みんながゲラゲラ笑い出した。

「何よ！　ふざけないで」

ヒトミちゃんはそういいはなって、やっと席に座った。

「ま、とにかく選挙をすることにしましょう」

ヒトミちゃんは[V]で息をしながら、まだ私をにらみつけている。どうしてあなたは、図書委員に立候補したのと問いつめられたら、返事ができない。紙が配られ、みんなは鉛筆《えんぴつ》でこちょこちょと、二人のうちどちらかの名前を書き込んでいる。②私はヒトミちゃんの名前を書いて投票した。黒板には私とヒトミちゃんの名前と、下に正の字が書かれていった。だんだん私の名前の下の正の字がふえていくにつれ、ヒトミちゃんのC耳が赤くなっていった。

「以上です」

③開票の結果、ヒトミちゃんには五票しか入っていなかった。

「何よ、ホントに、もう。何ったら、何よ」

ヒトミちゃんは、わけのわからないことばをつぶやきながら、ぶりぶり怒《おこ》っていた。不純《ふじゅん》な動機が、ヒトミちゃんのやる気に勝ってしまい、私はぼーっとしたまま、5ホウシン状態で椅子に座っていたのだった。

（群《むれ》ようこ「図書室の恋《こい》」『膝小僧の神様』所収　新潮文庫刊）

問1　〰〰1～5のカタカナを漢字になおし、漢字は読みをひらがなで答えなさい。

問2　[I]～[V]に入ることばとして、最も適切なものをそれぞれ次の中から選んで、記号で答えなさい。（ただし、同じ記号は一回しか使えません。）

ア　口　　イ　鼻　　ウ　手　　エ　胸　　オ　足
カ　肩《かた》　　キ　目　　ク　腹《はら》　　ケ　耳　　コ　頭

問3　‖A～Cの表現から読み取れる心情として、最も適切なものをそれぞれ次の中から選んで、記号で答えなさい。（ただし、同じ記号は一回しか使えません。）

ア　怒《いか》り　　イ　混乱《こんらん》　　ウ　うれしさ　　エ　恥《は》ずかしさ　　オ　悲しさ
カ　興奮《こうふん》

問4　——①「私は勝手にお話をつくり上げ」とありますが、本文中のどこからどこまでが「お話」の内容ですか。はじめとおわりの五字をぬき出して答えなさい。（ただし、句読点も字数に含《ふく》みます。）

問５　――②「私はヒトミちゃんの名前を書いて投票した」とありますが、「私」がそうしたのはなぜだと考えられますか。それを説明した次の文の、（　Ａ　）・（　Ｂ　）に入る適切なことばを、本文中の言葉を使って、Ａは二十五字以内、Ｂは三十字以内で書きなさい。

（　Ａ　）ということを「ヒトミちゃん」に指摘《してき》されたことで、（　Ｂ　）という不純な動機で図書委員に立候補した私よりも、「ヒトミちゃん」の方がふさわしいと思ったから。

問６　――③「開票の結果、ヒトミちゃんには五票しか入っていなかった」とありますが、そうなった理由と思われることを、「～から」につながるように、本文中から二十一字でさがし、はじめとおわりの四字をぬき出して答えなさい。（ただし、句読点も字数に含《ふく》みます。）

問７　本文を場面によって大きく二つに分けるとき、後半はどこからになりますか。はじめの五字をぬき出して答えなさい。

2021(R3)日向学院中
K 教英出版

****

日向学院中学校入学試験問題

****

令和3年度

（A日程）

理　　科

［1月3日　第2限　9:55　～　10:25］
（30分　50点）

受験上の注意

1　「始め」の合図があるまで、このページ以外のところを見てはいけません。
2　問題は 1 ～ 4 まであります。
3　答は必ず解答用紙に記入しなさい。解答用紙はこの冊子の間にはさんであります。
4　「始め」の合図があったら、まず解答用紙に受験番号、氏名を記入しなさい。
5　印刷がはっきりしなくて読めないときは、だまって手をあげなさい。問題内容や答案作成上の質問は認められません。
6　「やめ」の合図があったら、すぐ鉛筆《えんぴつ》をおき、解答用紙は裏返しにして机の上に置きなさい。

1 学院太郎君は、食べ物の消化について実験を行いました。これについて、次の問いに答えなさい。

【実験】

下の図のように、うすいでんぷんの液を試験管に入れ、40℃のお湯に入れました。この中にだ液を入れ、ときどきかき混ぜながら、1分ごとにその液を白い実験皿に取り出して、ヨウ素液を1滴加えて混ぜ、色の変化を調べました。

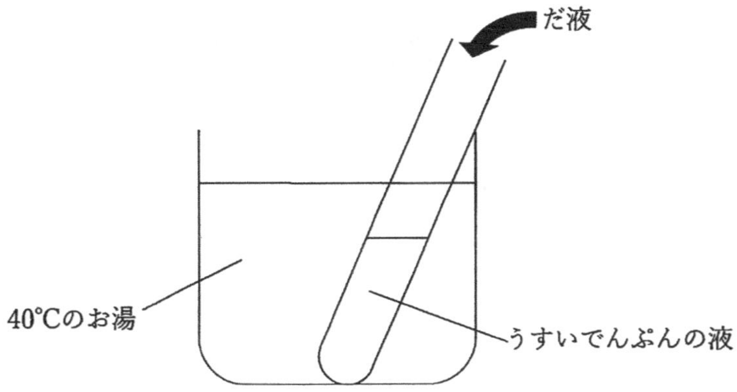

（1）口から入った食べ物が通る、口から肛門《こうもん》までの通り道を漢字3文字で何といいますか。

（2）ヨウ素液の色(A)と、だ液を加えていないでんぷんの液にヨウ素液を加えたときの色(B)を、次の **ア** ～ **ウ** からそれぞれ一つずつ選び、記号で答えなさい。

ア 青むらさき色　　**イ** 緑色　　**ウ** だいだい色

（3）実験開始１分後白い実験皿に取り出した液にヨウ素液を加えたときの色は、だ液を加えていないでんぷんの液にヨウ素液を加えた場合と同じ色になりました。６分後までは同じ色のままでしたが、７分後の色はそれまでより色が薄くなっていました。このときを、色が変わり始める時間として記録しました。お湯の温度を変えて同じ実験を行ったところ、ヨウ素液の色が変わり始める時間にちがいがあることに気づきました。

実験の温度	10℃	20℃	30℃	40℃	50℃
ヨウ素液の色が変わり始める時間	13 分	11 分	8 分	7 分	13 分

表の結果から、30℃ 〜 40℃のときは時間が短いことがわかります。この理由は何ですか。だ液のある場所を考えて、説明しなさい。

（4）食べ物に含まれていた養分について、次の文の ㋐ 〜 ㋒ にあてはまることばをそれぞれ答えなさい。

食べ物に含まれていた養分は、別のものに変化した後、［ ㋐ ］で吸収されます。吸収された養分は、［ ㋑ ］に入り、血管を通って全身に運ばれ、生きるために使われたり、［ ㋒ ］にたくわえられたりします。

2　次のⅠとⅡの問いに答えなさい。

Ⅰ　試験管に入った うすい塩酸、炭酸水、食塩水、重そう水、アンモニア水 の５種類の水よう液のちがいを確かめる実験を行いました。これについて、次の問いに答えなさい。

（１）５種類の水よう液のちがいを比べたとき、結果がすべて同じになるものはどれですか。次の **ア** ～ **エ** から一つ選び、記号で答えなさい。

ア　水よう液のにおいを比べる。
イ　水よう液のあわを比べる。
ウ　水よう液の色を比べる。
エ　水よう液をそれぞれ１mL ずつ別の試験管にとり、石灰水を入れてふり、変化を比べる。

（２）５種類の水よう液のうち、固体がとけているものをすべて選び、**ア** ～ **オ** の記号で答えなさい。

ア　うすい塩酸　　**イ**　炭酸水　　**ウ**　食塩水
エ　重そう水　　**オ**　アンモニア水

（３）５種類の水よう液を、それぞれ赤色リトマス紙と青色リトマス紙につけたとき、赤色リトマス紙だけが変化する水よう液をすべて選び、**ア** ～ **オ** の記号で答えなさい。

ア　うすい塩酸　　**イ**　炭酸水　　**ウ**　食塩水
エ　重そう水　　**オ**　アンモニア水

（4）（3）で選んだ水よう液をさらに区別するには、どのような実験が必要ですか。簡単に答えなさい。ただし、さわったりなめたりしてはいけません。

Ⅱ　うすい塩酸に金属をとかす実験を行いました。次の問いに答えなさい。

（5）うすい塩酸を試験管２本にそれぞれ５mL ずつ入れ、１本にはアルミニウムはくを１cm 角に切ったものを、もう１本には種類のわからない金属をアルミニウムはくと同量入れました。どちらの試験管もさかんにあわが出て、入れた金属が見えなくなりました。このことからわかることを次の **ア** ～ **エ** から一つ選び、記号で答えなさい。

ア　種類のわからない金属は、アルミニウムかもしれないことがわかる。
イ　種類のわからない金属は、アルミニウムではないことがわかる。
ウ　種類のわからない金属は、鉄であることがわかる。
エ　種類のわからない金属は、鉄ではないことがわかる。

（6）（5）で、アルミニウムはくを入れた後の試験管から、上ずみ液1.5 mL を蒸発皿に取り、弱火で加熱すると、皿の上に固体が残りました。残った固体の色は何色ですか。

3 日向学院中学校では、宮崎県日南市にある海の家を利用して、海のキャンプを毎年7月に行っています。この海の家の近くには伊《い》比《び》井《い》川という川が流れています。下の図1は伊比井川の全体をあらわしています（川を上から見た図です）。これについて、次の問いに答えなさい。

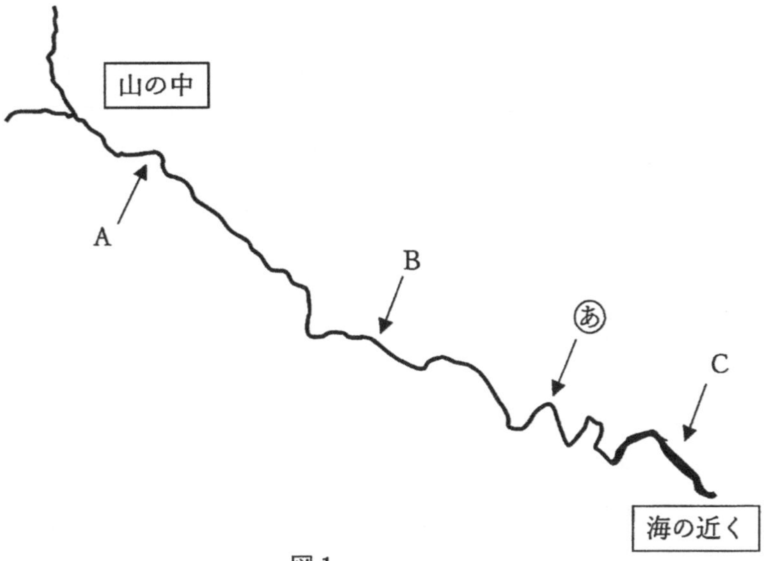

図1

（1）流れる水が地面をけずるはたらきを何といいますか。

（2）図1の A ～ C の3つの地点のうち、（1）のはたらきがもっとも強い場所はどこですか。記号で答えなさい。

(３) 伊比井川のⓐの地点を拡大すると、右の図２のようになっていました。図２のⓐの断面はどのようになっていると考えられますか。最も適当なものを次の **ア** ～ **ウ** から一つ選び、記号で答えなさい。

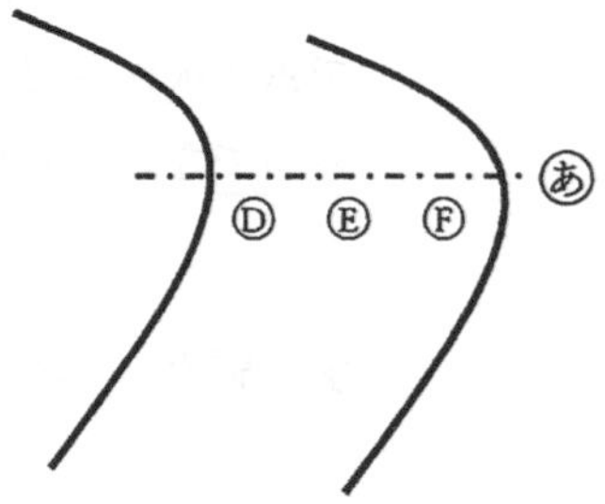

図２

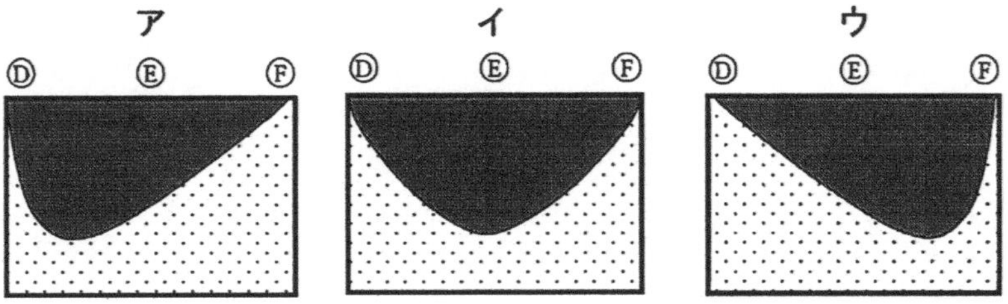

(４) (３)でその記号を選んだ理由を説明しなさい。

(５) 図１の 山の中 、 海の近く では川の石の形や大きさが違っています。海の近くの石の形や大きさは、山の中の石と比べてそれぞれどのようになっていますか。次の文の ① と ② にあてはまることばをそれぞれ答えなさい。

海の近くの石は、山の中の石と比べて形が(　①　)なっています。また、石の大きさは(　②　)なっています。

(６) (５)のように答えた理由を説明しなさい。

（7）令和２年７月に、豪雨《ごうう》によって熊本県人吉《ひとよし》市および球磨村渡《くまむらわたり》地区で洪水被害《こうずいひがい》が起こりました。川の水による災害を防ぐ取り組みとして適当でないものを、次の ア ～ オ から一つ選び、記号で答えなさい。

ア　護岸《ごがん》　　イ　貯水槽《ちょすいそう》　　ウ　遊水地《ゆうすいち》　　エ　ダム　　オ　堤防《ていぼう》

4 次の問いに答えなさい。

下の図のように、かん電池２個、プロペラのついたモーター、スイッチ、かん易検流計を準備しました。ただし、かん電池は同じものを２個使うものとします。

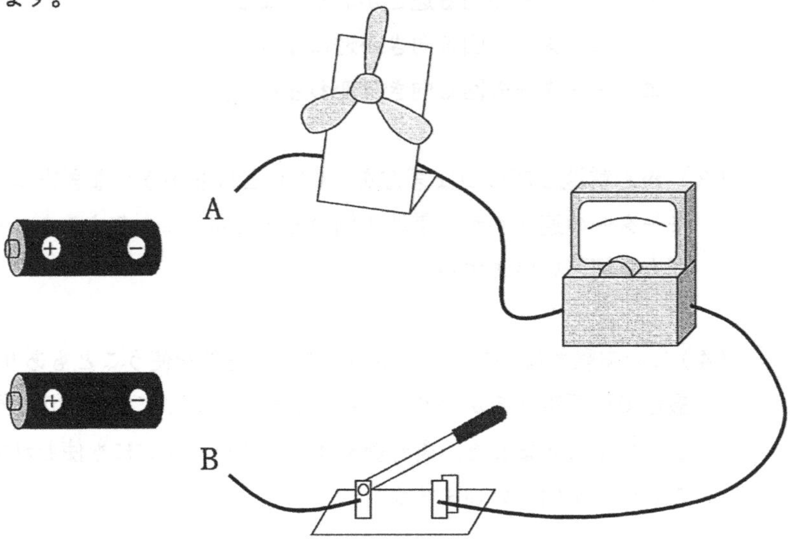

（1）スイッチを入れたとき、モーターが最も速く回るように導線をつなぐには、どのようにつなげばいいですか。次の ア ～ エ から一つ選び、記号で答えなさい。

ア
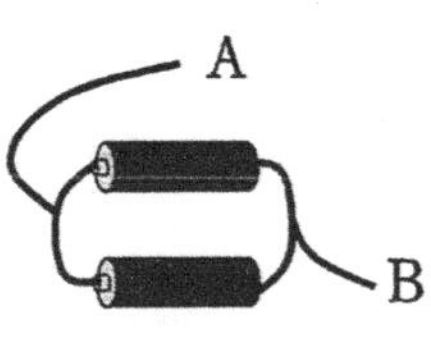

イ
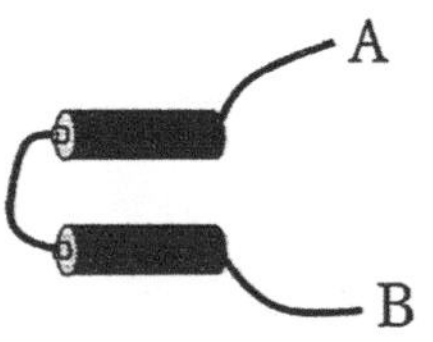

ウ
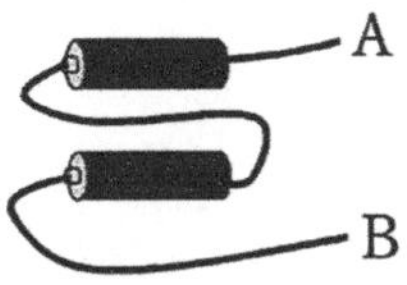

エ
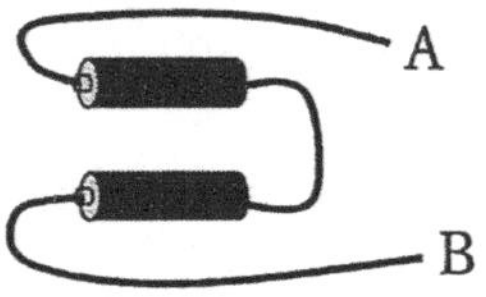

（2）（1）のつなぎ方から、かん電池2個の向きをどちらも逆にしてつなぐと、モーターの回るようすはどうなりますか。次の **ア** ～ **エ** から正しいものを一つ選び、記号で答えなさい。

ア　モーターの回る速さが速くなる。
イ　モーターの回る速さがおそくなる。
ウ　モーターの回る向きが逆になる。
エ　モーターの回る向きは変わらない。

（3）かん電池2個のつなぎ方を、（1）とはちがうつなぎ方にすると、モーターの速さがかん電池1個のときと同じになりました。そのつなぎ方を何といいますか。

（4）この実験では、モーターのかわりに豆電球を使うこともありますが、最近では豆電球のかわりに、電気の量が少なくてすむ明かりを使うことも増えてきました。信号機やイルミネーションにも使われているこの明かりを何といいますか。

（5）使いかけのかん電池がいくつかあり、その中から一番新しいものと、一番使っているものを調べてみました。電流計などを使わずに調べる方法を説明した次の文章にあてはまる言葉を、以下の語群の **ア** ～ **キ** の中からそれぞれ一つずつ選びなさい。

それぞれのかん電池に（　①　）をつなげれば、その明るさで電池の状態を比べることができる。また、（　②　）のまわる速さでも同じことがいえる。

さらに、かん電池に（　③　）をつなげて、近くに（　④　）を置くと、針のふれ方で比べることができる。電子オルゴールをつなげれば、（　⑤　）の大きさで比べることもできる。

語群　**ア**　スイッチ　　**イ**　モーター　　**ウ**　電磁石
　　　エ　方位磁針《じしん》　　**オ**　豆電球　　**カ**　熱　　**キ**　音

2021(R3)日向学院中
教英出版

****

日向学院中学校入学試験問題

****

令和3年度

（A日程）

社　会

［1月3日　第3限　10:40　～　11:10］
（30分　50点）

受験上の注意

1　「始め」の合図があるまで、このページ以外のところを見てはいけません。
2　問題は 1 ～ 2 まであります。
3　答は必ず解答用紙に記入しなさい。解答用紙はこの冊子の間にはさんであります。
4　「始め」の合図があったら、まず解答用紙に受験番号、氏名を記入しなさい。
5　印刷がはっきりしなくて読めないときは、だまって手をあげなさい。問題内容や答案作成上の質問は認められません。
6　「やめ」の合図があったら、すぐ鉛筆《えんぴつ》をおき、解答用紙は裏返しにして机の上に置きなさい。

1　まさむね君は、夏休みの自由研究をかねて、田舎に住むおじいちゃんから教わった九州・沖縄地方のいくつかの民謡《みんよう》や子守歌の歌《か》詞《し》をカードにしました。これを見て、あとの問いに答えなさい。

【カードA】「①島原の子守唄《うた》」
おどみゃ島原の　おどみゃ島原の
梨《なし》の木育ちよ
何の梨やら　何の梨やら
色気ナシばよ　しょうかいな…

【カードB】「②鹿児島おはら節」
花は③霧島《きりしま》　たばこは国分
燃えて上がるは　オハラハー桜島
④薩摩《さつま》…

【カードC】「⑤ひえつき節」
庭の山椒《さんしゅう》の木
鳴る鈴かけてヨーホイ
鈴の鳴る時ゃ
出ておじゃれヨー…

【カードD】「炭坑《たんこう》節」
月が出た出た 月が出た（ヨイヨイ）
⑥三池《みいけ》炭坑の 上に出た
あまり煙突《えんとつ》が 高いので
さぞやお月さん けむたかろ…

【カードE】「あんたがたどこさ」
あんたがたどこさ　肥後《ひご》さ
肥後どこさ　⑦熊本さ
熊本どこさ　船場《せんば》さ
船場山には狸《たぬき》がおってさ…

【カードF】「てぃんさぐぬ花」
てぃんさぐぬ花や
爪先《ちみさち》に染《す》みてぃ
親《うや》ぬゆしぐとぅや
肝《ちむ》に染みり…

問１　下線部①「島原」について、次の各問いに答えなさい。

（１）1990（平成２）年に、島原半島にある雲仙《うんぜん》普《ふ》賢岳《げんだけ》が噴火《ふんか》しました。雲仙普賢岳の位置を右の地図中の**ア～エ**から１つ選び、記号で答えなさい。

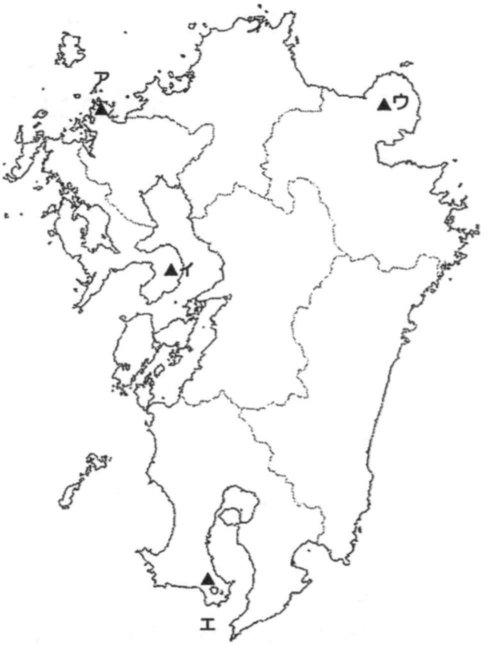

（２）島原では17世紀前半に、天草四郎をかしらとした大規模な一揆《いっき》がおきました。この一揆の様子をあらわした絵を下の**ア～エ**から１つ選び、記号で答えなさい。また、この一揆がおきた時代は何時代か答えなさい。

ア

イ

ウ

エ

（3）島原がある県で最も大きい空港は、海上に建設されました。空港が海上にあることの長所を、右の【写真】を参考にしながら**解答らんに合わせて**答えなさい。

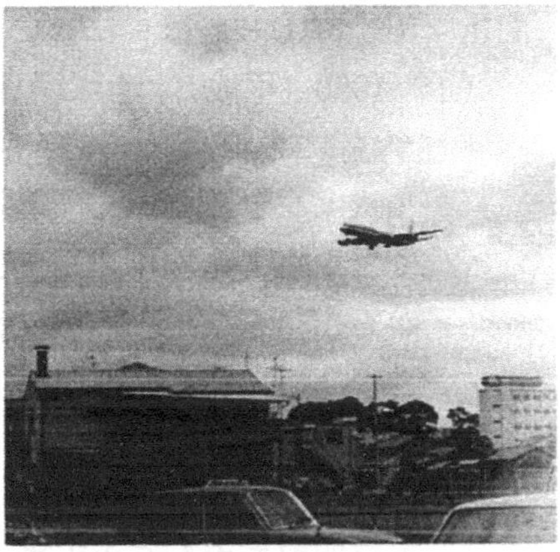

【写真】大阪国際空港に着陸する飛行機

（4）島原があるのは何県か、答えなさい。

問２　下線部②「鹿児島」について、次の各問いに答えなさい。

（1）鹿児島県南部の屋久島と種子島の正しい形と位置を次のア～エから１つ選び、記号で答えなさい。

ア

イ

ウ

エ

（2）次の**ア～エ**のうち、屋久島についてのべた文を１つ選び、記号で答えなさい。

ア　世界自然遺産に認定された「縄文杉」があり、豊かな森に恵まれている。

イ　北方領土の一つにふくまれている。

ウ　16 世紀中ごろに鉄砲が伝来した。

エ　明石海峡《かいきょう》大橋がかかっている。

（3）鹿児島県の沖合を流れる２つの海流の種類と向きを正しく示したものを次の**ア～エ**から１つ選び、記号で答えなさい。

ア

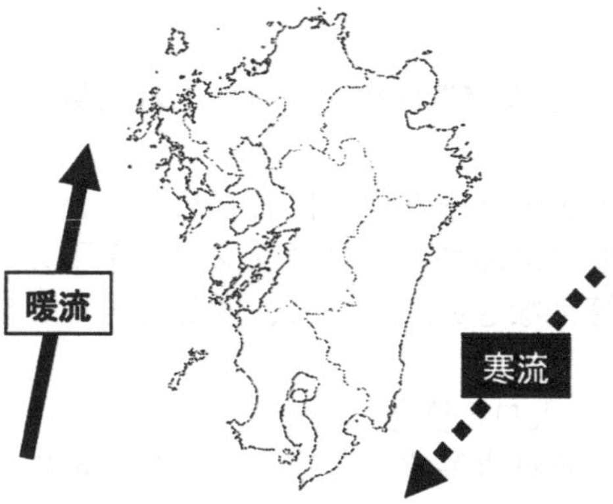

イ

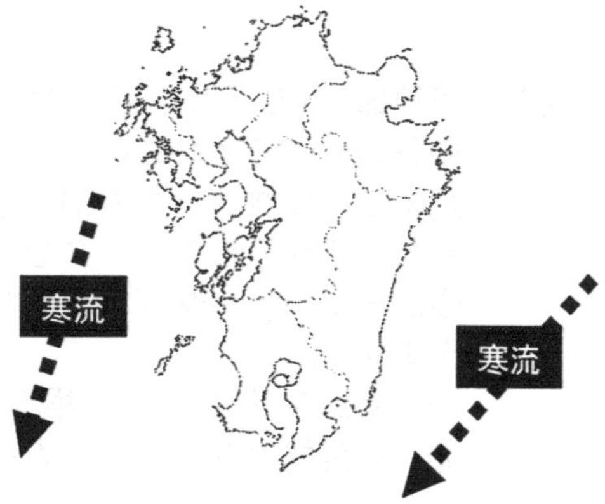

ウ

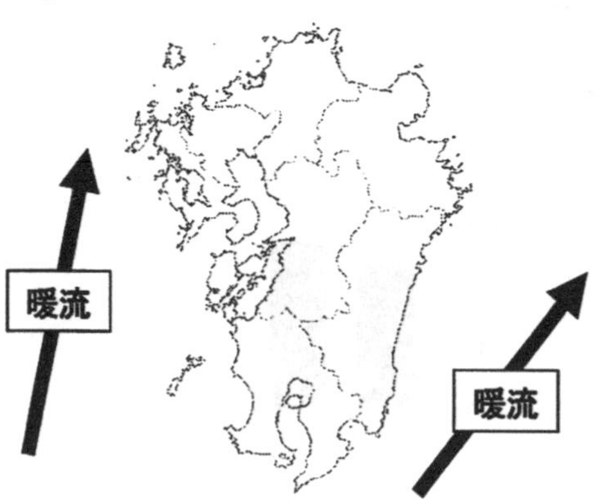

エ

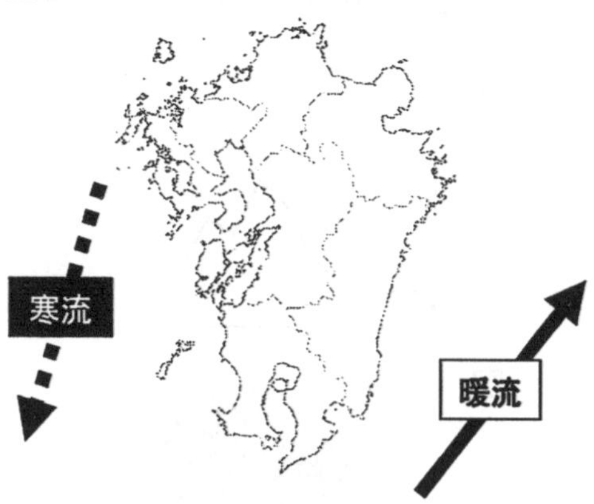

問３　下線部③「霧島《きりしま》」について、霧島にある新燃岳《しんもえだけ》は2011年に約300年ぶりに噴火しました。右の地図で色が濃くなっている部分は、2020年８月12日午前３時から６時にかけて新燃岳が噴火した際、火口からどの方向に灰が降るかを予想したものです。これを見ると、この時間帯に新燃岳の上空はどの方向から風が吹いていると考えられるか、「東」「西」「南」「北」のいずれかで答えなさい。

問４　下線部④「薩摩《さつま》」について、薩摩藩《はん》の島津《しまづ》氏は、1600年におきた［ a ］の戦い以降に［ b ］氏にしたがったので、［ c ］大名と位置づけられました。［ a ］～［ c ］にあてはまる語句や名前をそれぞれ答えなさい。

問５　下線部⑤「ひえつき節」の舞台は、宮崎県椎葉《しいば》村です。これに関して、次の各問いに答えなさい。

（１）まさむね君は、次の①～③のデータをグラフにまとめることにしました。それぞれのデータを表すのにふさわしいグラフの例を下の**ア**～**ウ**から１つずつ選び、記号で答えなさい。ただし、同じ記号は２度使えません。

①　過去50年における椎葉村の人口の変化

②　椎葉村で働く人にしめる、農林水産業・工業・サービス業にたずさわる人の割合

③　ある年の椎葉村内の各地区におけるしいたけの生産量

ア

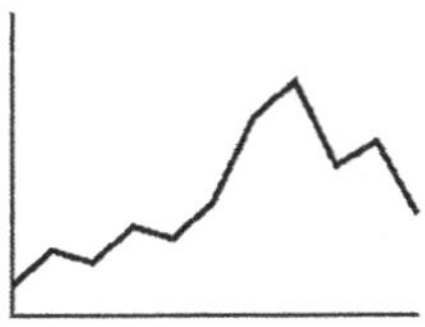

イ

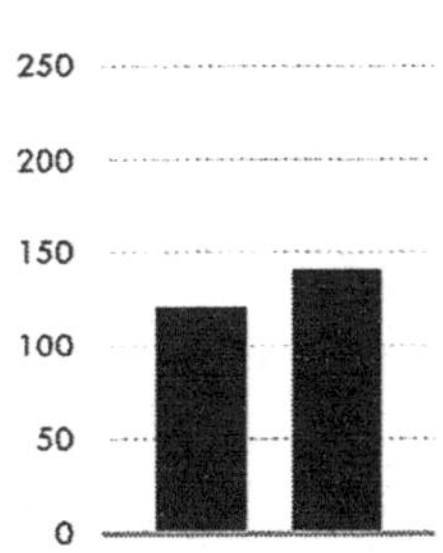

ウ

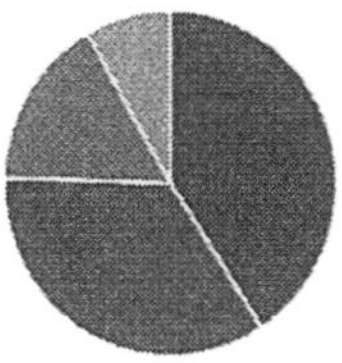

（２）次の文章中の下線部①～④はすべてまちがっています。それぞれあらためなさい。

椎葉村は①11 世紀の終わりごろにおきた②承久の乱にやぶれた③藤原氏の兵士たちが、追っ手をのがれてたどりついた場所の一つと言われている。なお、この戦いに勝った一族は、現在の神奈川県に④室町幕府をひらいた。しかし、この一族の将軍は３代で途《と》絶《だ》え、その後は執権が中心となって政治を行った。

問６　下線部⑥「三池《みいけ》」は福岡県にあります。福岡県に関する次の各問いに答えなさい。

（１）次の２つの資料は、いずれも現在の福岡県を舞台《ぶたい》としておきた外国との戦いにかかわるものです。この戦いはどのあたりでおきたか、下の地図中のア～エから１つ選び、記号で答えなさい。

A　　　　B

（２）左上の資料において、日本の武士はＡとＢのどちらか、記号で答えなさい。

（3）下のグラフは、北九州工業地域・京浜工業地帯・中京工業地帯・阪神工業地帯における製造品出荷額の割合と出荷額（2017年）を示したものです。これを見て、北九州工業地域にあてはまるものを**ア**～**エ**から１つ選び、記号で答えなさい。

ア

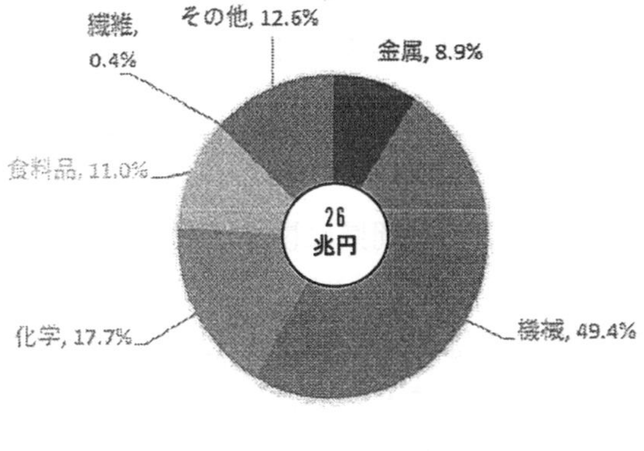

イ

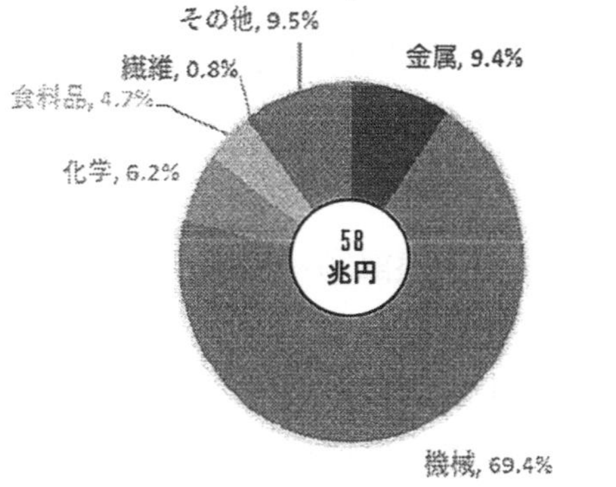

ウ

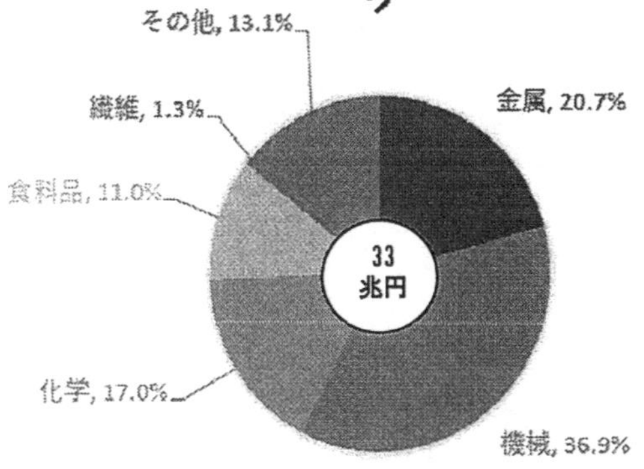

エ

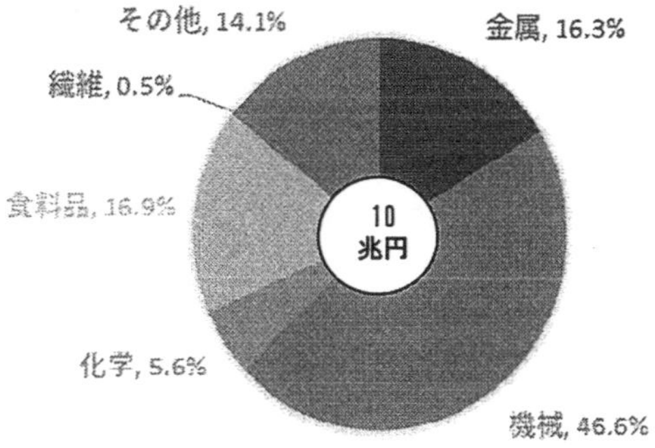

（『日本国勢図会 2020/21』より）

問７　下線部⑦「熊本」について、次の各問いに答えなさい。

（１）下の表は、昨年の大雨ではんらんした球磨《くま》川を含めた日本の川と世界の川を比べたものです。これを見て、日本の川の特ちょうを**解答らんに合わせて**答えなさい。

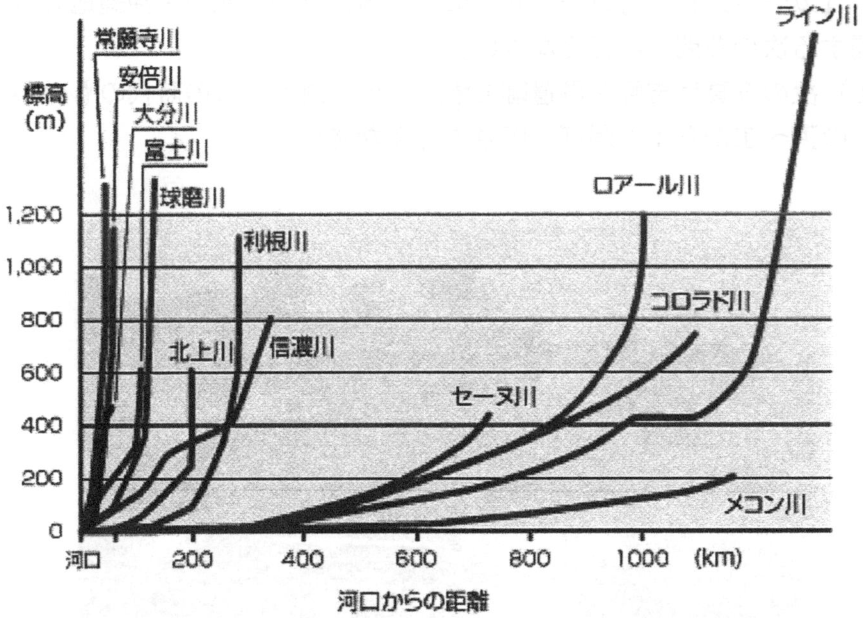

（２）熊本県内には、明治時代の初めごろにおきた「西南戦争」の舞台《ぶたい》になった田原坂《たばるざか》があります。この西南戦争ともっともかかわりの深い人物を次の**ア〜エ**から１つ選び、記号で答えなさい。

ア

イ

ウ

エ

問８　【カードＦ】の県の県庁所在地名を次の選択肢の漢字から**2つ**組み合わせて答えなさい。

選択肢　江　覇　神　津　戸　那　浜　松　山　横　大

問９　【カードＡ】～【カードＦ】になかった２つの九州・沖縄地方の県に関する次の各問いに答えなさい。

（１）次の写真は吉野ケ里遺跡です。この遺跡はいつの時代のものか、下の**ア～エ**から１つ選び、記号で答えなさい。

ア　聖徳太子が蘇我氏とともに天皇中心の国づくりにあたった時代

イ　藤原道長がむすめを天皇のきさきとして天皇とのつながりを強くして、大きな力をもった時代

ウ　仏教の力で社会の不安をしずめようと、東大寺や国分寺がつくられた時代

エ　大陸から鉄器や青銅器などが伝わり、西日本を中心に米づくりが広がっていった時代

（２）次の文**ア～エ**のうち、【カードＡ】～【カードＦ】になく、しかも（１）とはことなる県について説明したものはどれか、１つ選び記号で答えなさい。

ア　外務大臣を務めた小村寿太郎《こむらじゅたろう》が生まれ育った。

イ　1945（昭和 20）年に原子爆弾《ばくだん》が投下《とうか》された。

ウ　さとうきびの生産量が国内有数である。

エ　国内有数の温泉地「別府《べっぷ》」がある。

2　次の会話を読んで、あとの問いに答えなさい。

けいご：明けましておめでとう。いよいよぼくたちも４月から中学生だね。
まゆみ：そうね。それにしても、去年（2020年）は、日本や世界でいろんなできごとがあったわね。
けいご：日本では９月に①内閣総理大臣がかわったしさ。
まゆみ：うん。あと、やはり新型コロナウイルスの感染《かんせん》がひろがったことかな。たくさんの人が亡くなったり、苦しい思いをしたりして…。
けいご：東京で行われる予定だったオリンピック・パラリンピックも延期されたしね。
まゆみ：「②平和の祭典」ともよばれる大会。無事に行われるといいわね。
けいご：ところで、去年の修学旅行は宮崎市内だったよね。
まゆみ：そうそう。でも、身近な場所のことがいろいろと分かって、勉強になったと思わない？
けいご：ぼくもそう思った。バスで宮崎市内を移動したときに、宮崎県庁のすぐ近くに[　　　]があったよね。
まゆみ：授業で[　　　]は「法律にもとづいて問題を解決し、国民の権利を守る仕事をしている」と勉強したわ。
けいご：さすが、よく覚えているなぁ。それにしても、12歳になるまであっという間だったね。
まゆみ：そうね。さらに12年過ごすと、それまでには③選挙で投票できる権利をもっているのよ、わたしたち。
けいご：大人の階段をのぼるんだね。中学生活、がんばろう！

問１　下線部①「内閣総理大臣」について、次の各問いに答えなさい。

（１）日本国憲法によれば、内閣総理大臣はどのような人の中から選ぶことになっているか、**漢字４文字で**答えなさい。

（２）次の文ア～エのうち、内閣総理大臣の説明として**まちがっているもの**はどれか、１つ選び記号で答えなさい。

ア　国務大臣を任命する。
イ　憲法に定められている仕事（国事行為）を行う。
ウ　大臣たちなどと会議（閣議）を開いて政治の進め方を相談する。
エ　「首相」ともよばれる。

問２　下線部②「平和」について、次の各問いに答えなさい。

（１）日本国憲法には、外国との争いごとを武力で解決しないことが記されています。これは憲法第何条に記されているか答えなさい。

（２）日本は世界でただ一つの被爆国《ひばくこく》として、「核兵器をもたない、つくらない、(　　　　　)」という非核三原則《ひかくさんげんそく》をかかげています。(　　　　　)にあてはまる語句を答えなさい。

問３　文中の［　　　　］に共通してあてはまる語句を答えなさい。

問４　下線部③「選挙で投票できる権利」について、日本では選挙権が何歳以上の国民に認められているか、次の**ア**～**エ**から１つ選び記号で答えなさい。

ア　16歳　　　**イ**　18歳　　　**ウ**　20歳　　　**エ**　22歳

****

日向学院中学校入学試験問題

****

令和3年度

（A日程）

算　数

［1月3日　第4限　11:25　～　12:15］
（50分　100点）

受験上の注意

1　「始め」の合図があるまで、このページ以外のところを見てはいけません。

2　問題は 1 ～ 5 まであります。

3　答は必ず解答用紙に記入しなさい。解答用紙はこの冊子の間にはさんであります。

4　「始め」の合図があったら、まず解答用紙に受験番号、氏名を記入しなさい。

5　印刷がはっきりしなくて読めないときは、だまって手をあげなさい。問題内容や答案作成上の質問は認められません。

6　「やめ」の合図があったら、すぐ鉛筆《えんぴつ》をおき、解答用紙は裏返しにして机の上に置きなさい。

1 次の計算をしなさい。

(1) $173+27\times4$

(2) $\frac{5}{9}-\frac{5}{12}$

(3) $258-\{56-(16-7)\}$

(4) $0.25\div\frac{3}{4}\times\frac{9}{16}$

(5) $5.2\times2.3-2.3\times3.2$

2 次の各問いに答えなさい。

(1) 次の□にあてはまる数を求めなさい。

① 2.3－4×□＝1.1

② 8：7＝4：□

(2) 2つの数 64と80 の公約数の個数を求めなさい。

(3) 2000円の品物を 25% 引きで買うときのねだんはいくらか求めなさい。
ただし，消費税は考えないものとします。

(4) ある駅から 16分おきに出発をする列車と，28分おきに出発をするバスがあります。午前 9時に列車とバスが同時に出発しました。この次に列車とバスが同時に出発する時刻は午前何時何分か求めなさい。

(5) 右の円グラフにおいて，割合を調べると，D は E の 2倍，C は D の 2倍，B は C の1.5倍，A は D の 3.5 倍でした。
このとき，B の割合は何%か求めなさい。

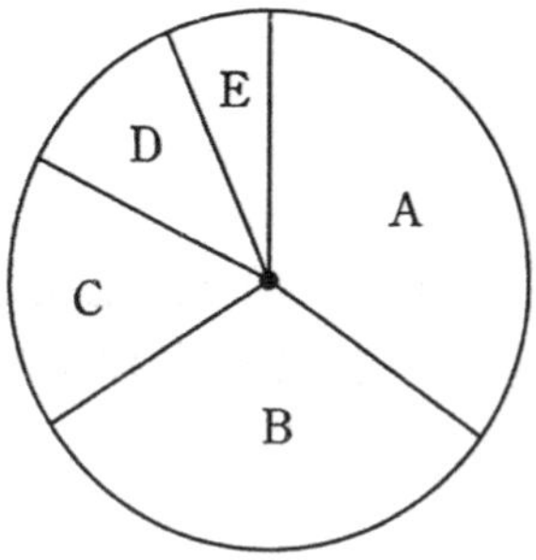

(6) 次の表は，5 個の品物A，B，C，D，E の重さです。5 個の重さの平均が 32gのとき，品物E の重さを求めなさい。

品物	A	B	C	D	E
重さ(g)	32	28	36	31	

3 次の各問いに答えなさい。

(1) 次の2つの三角形は，まわすとぴったり重なります。次の□にあてはまるものを答えなさい。

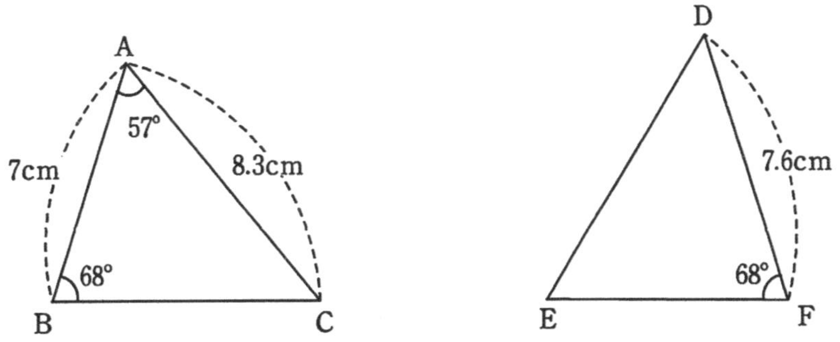

① この2つの三角形は，「□である」といいます。

② 辺DEの長さは□cmです。

③ 角Dの大きさは□度です。

(2) 右の図形は，1辺の長さが 8 cm の正方形とおうぎ形を組み合わせた図形です。色のついた部分の面積を求めなさい。ただし，円周率は3.14とします。

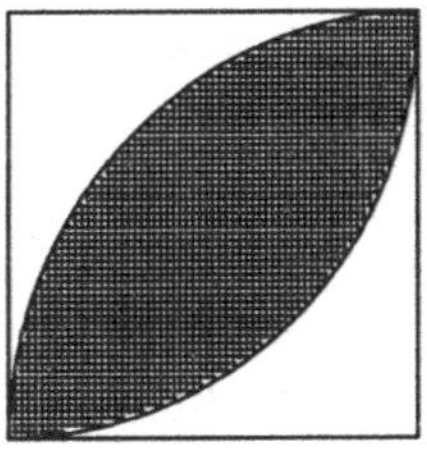

(3) 右の図形は，直角二等辺三角形と長方形を組み合わせた図形です。あの角の大きさを求めなさい。

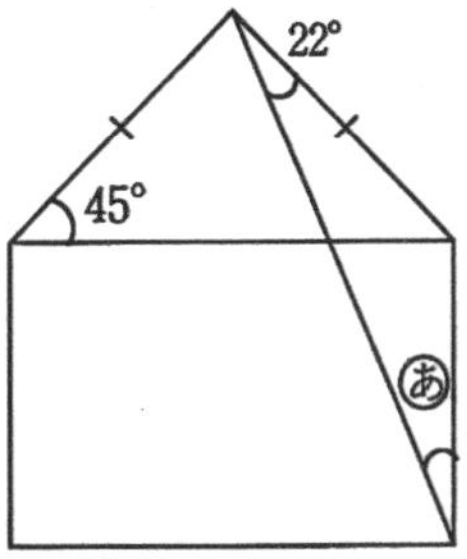

(4) 下の図のように，１辺の長さが３cm の正三角形ABCを，床の上をすべらないようにアの位置からイの位置まで１回転させます。このとき，アの位置からイの位置まで移動するまでに頂点Aが移動したきょりを求めなさい。ただし，円周率は 3.14 とします。

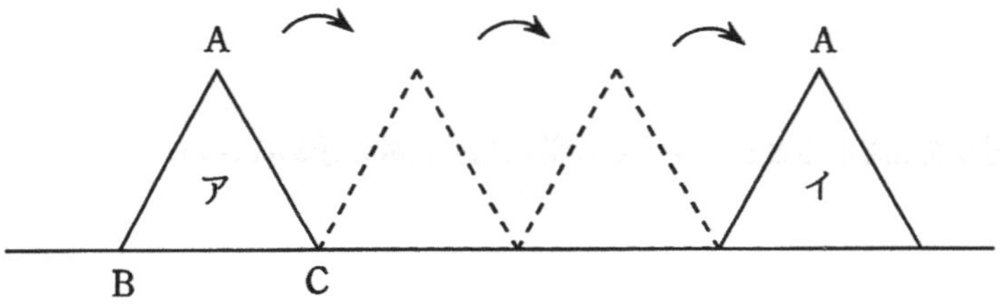

(5) 右の(図１)は，四角柱の展開図です。
また，(図２)は，四角柱をま上から見たものです。
この四角柱の体積を求めなさい。

(図１)

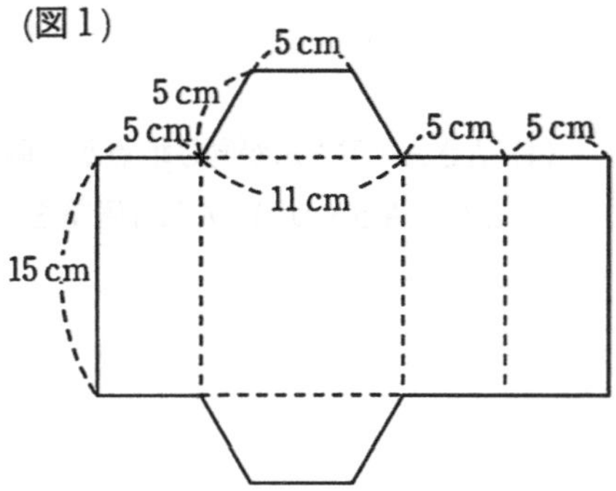

(図２)

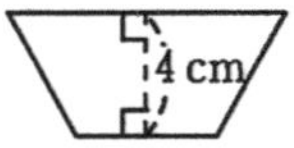

4　1周 1.5km の池の周りを，Aさんは分速 180mで，Bさんは分速 120mで走ります。このとき次の各問いに答えなさい。

(1) Aさんが池の周りを 3周走るとき，かかる時間は何分か求めなさい。

(2) Bさんが池の周りを 3周走るとき，かかる時間は何分何秒か求めなさい。

(3) AさんとBさんが同じ地点から同時に出発して池の周りを反対の方向に進みます。このとき，AさんとBさんが再び出会うのは出発してから何分後か求めなさい。

(4) AさんとBさんが同じ地点から同時に出発して池の周りを同じ方向に何周かまわります。このとき，AさんがBさんに 1周差をつけて追いつくのは出発してから何分後か求めなさい。

5　AさんとBさんが問題をいっしょに考えています。

問題

> (1) 9の倍数で，百の位の数が5である3けたの自然数の個数を求めなさい。
> (2) 9の倍数で，十の位の数が5である3けたの自然数の個数を求めなさい。

AさんとBさんの会話文を読んで，［　］にあてはまる数を答えなさい。ただし，同じ記号の［　］には同じ数が入ります。

Aさん：(1) はどうやって考えたらいいかな？

Bさん：500から599の中に9の倍数がいくつあるかを考えてみてはどうだろう。

Aさん：そっか。じゃあ，やってみよう。599を9で割ると，商が［ア］で，あまりが5になるね。

また，500を9で割ると，商が［イ］であまりが5だから，(1) の答えは［ウ］個だ。

Bさん：できたね。

Aさん：じゃあ次は (2) を考えてみよう。どうやって考えたらいいかな？

Bさん：本を調べていたら，こんな性質を見つけたよ。

> 3けたの数の，百の位の数と十の位の数と一の位の数の和が9の倍数となるとき，もとの3けたの数は9の倍数である。

Aさん：これってどういうこと？

Bさん：例えば342の場合は，$3+4+2=9$ で9の倍数だから，342は9の倍数だってことだよ。

確かめてみると，$342\div9=$［エ］となって9で割り切れるよね。

Aさん：そういうことか。

Aさん：じゃあ，(2) の問題では，十の位の数が5のときだから，百の位の数と一の位の数の和が4のときと，［オ］のときを調べればいいんだね。

Bさん：百の位の数と一の位の数の和が4のときは何通りになるかな。

Aさん：それは［カ］通りだ。

Bさん：そうだね。じゃあ，百の位の数と一の位の数の和が［オ］のときを考えると，(2) の答えはどうなるかな？

Aさん：わかった。［キ］通りだ。

Bさん：よくできました。

二

問1
1
2
しげ
3
4
5

問2
Ⅰ
Ⅱ
Ⅲ
Ⅳ
Ⅴ

問3
A
B
C

問4
〜

問5
A
B

問6
〜
から

問7

令和３年度　Ａ日程入試

理科　解答用紙

受付番号		氏名	

※50点満点

1

（1）		（2）	A	B
（3）				
（4）	㋐	㋑	㋒	

(1)(3)(4)…２点×５　(2)…１点×２

2

（1）		（2）		（3）	
（4）					
（5）		（6）	色		

２点×６

3

【解答用

令和３年度　Ａ日程入試

社会　解答用紙

受験番号		氏名	

※50点満点

1

問１	（１）		（２）	記号		時代名	時代	
	（３）	海上にあることで（　　　　）から。						
	（４）	県						
問２	（１）		（２）		（３）		問３	
問４	a		b		c			
問５	（１）	①		②		③		
	（２）	①	世紀	②				

【解答用

令和３年度　Ａ日程入試

算数　解答用紙

受験番号		氏　名	

※100点満点

1

４点×５

(1)	(2)	(3)	(4)	(5)

2

４点×７

(1)		(2)	(3)	(4)
①	②	個	円	午前　時　分
(5)	(6)			
%	g			

①	② cm	③ 度	cm^2	度

(4)	(5)
cm	cm^3

4

4点×4

(1)	(2)	(3)	(4)
分	分 秒	分後	分後

5

2点×7

ア	イ	ウ	エ	オ

カ	キ

問6	(1)		(2)		(3)	
問7	(1)	日本の川は（　　　　）である。				
	(2)					
問8	市					
問9	(1)		(2)			

問1．(1) 1点　(2)記号…1点　時代名…2点　(3) 2点　(4) 2点
問2．1点×3
問3．2点
問4．2点×3
問5．(1) 1点×3　(2) 2点×4
問6．1点×3
問7．(1) 2点　(2) 1点
問8．2点
問9．1点×2

2

問1	(1)		(2)	
問2	(1)	憲法第　　条	(2)	
問3		問4		

問1．(1) 2点　(2) 1点
問2．2点×2
問3．2点
問4．1点

(4)		
(5)	①	②
(6)		
(7)		

(4)…3点　(1)(6)(7)…2点×3　(2)(3)(5)…1点×4

4

(1)		(2)	
(3)		(4)	

(5)	①	②	③	④	⑤

(1)～(4)…2点×4　(5)…1点×5

令和三年度　A日程入試

国語　解答用紙

受験番号

氏名

※100点満点
（配点非公表）

一

問1
1 して
2
3
4 われた
5 て

問2
A
B
C
D

問3
Ⅰ
Ⅱ
Ⅲ

問4

問5
〜
こと

問6
1 点
2 〜

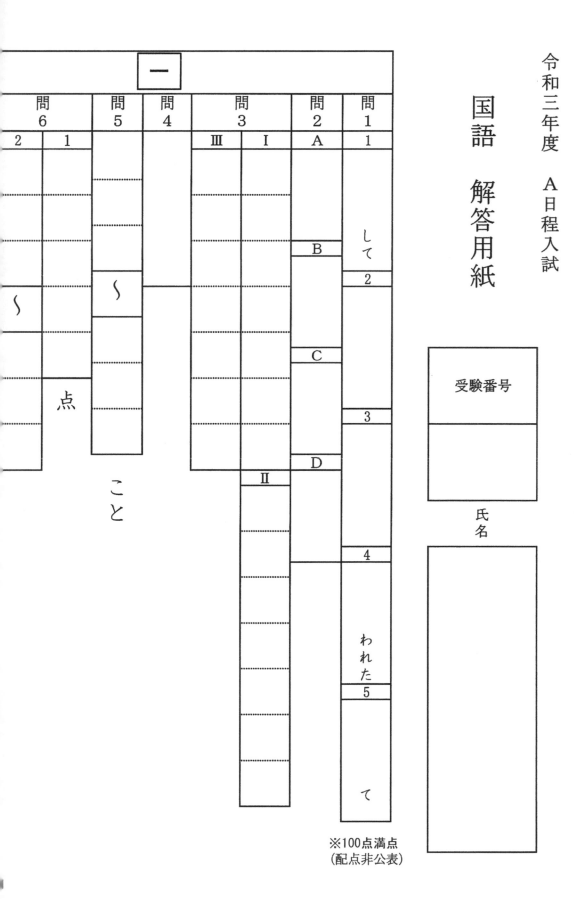